CAIT FLANDERS

weniger haben, mehr leben

CAIT FLANDERS

weniger haben, mehr leben

Wie ich ein ganzes Jahr lang minimalistisch lebte
und entdeckte, dass das Leben mehr zu bieten hat
als alles, was man kaufen kann

mvgverlag

Bibliografische Information der Deutschen Nationalbibliothek
Die Deutsche Nationalbibliothek verzeichnet diese Publikation in
der Deutschen Nationalbibliografie. Detaillierte bibliografische
Daten sind im Internet über http://dnb.d-nb.de abrufbar.

Für Fragen und Anregungen:
info@mvg-verlag.de

2. Auflage 2019

© 2019 by mvg Verlag, ein Imprint der Münchner Verlagsgruppe GmbH,
Nymphenburger Straße 86
D-80636 München
Tel.: 089 651285-0
Fax: 089 652096

Die englische Originalausgabe erschien 2018 bei Hay House Inc.USA
unter dem Titel *The Year of Less*. © 2018 by Cait Flanders. All rights
reserved.

Übersetzung: Petra Bös
Redaktion: Anna Cavelius
Umschlaggestaltung: Laura Osswald, dem Original nachempfunden
Umschlagabbildung: © Kathleen Lynch
Layout: Joe Bernier
Satz: Digital Design, Eka Rost
Druck: CPI books GmbH, Leck
Printed in Germany

ISBN Print 978-3-86882-976-1
ISBN E-Book (PDF) 978-3-96121-288-0
ISBN E-Book (EPUB, Mobi) 978-3-96121-289-7

Weitere Informationen zum Verlag finden Sie unter:

www.mvg-verlag.de

Beachten Sie auch unsere weiteren Verlage unter www.m-vg.de.

Für meine Familie, und für Molly und Lexie.
Ich werde euch immer vermissen.

Inhalt

Vorwort

Die eigentliche Idee zu dem Experiment entstand auf einer Wandertour, wie bei so vielen meiner Einfälle. Es war zwei Tage vor meinem 29. Geburtstag, und meine Freundinnen und ich wollten ihn mit einem Wochenende in Whistler feiern. Wir wanderten um den Cheakamus Lake im Garibaldi Provincial Park, wo sich die Türkistöne des Wassers unter den dahintreibenden Wolkenfetzen immer wieder änderten. Unsere Gesprächsthemen wechselten genauso schnell. Es ging über unsere Jobs zu Hobbys bis hin zu Freundschaften und Beziehungen.

Wendy war vor Kurzem mit ihrem langjährigen Freund zusammengezogen, und Liz stand auch kurz davor. Beide unterhielten sich darüber, was als Nächstes dranwäre: Ein Haus zu kaufen, bevor die Preise in unserer Heimatstadt Victoria, British Columbia, ins Unendliche kletterten, und ein Kind zu kriegen, noch bevor man geheiratet hätte. Nachdem ich als Chefredakteurin zwei Jahre lang für ein Finanz-Start-up gearbeitet hatte, sagte ich, was mir dazu einfiel, hatte aber das Gefühl, dass sich mein Beitrag damit erschöpft hatte. Während meine Freundinnen den nächsten Lebensabschnitt angingen, arbeitete es immer noch in mir.

»Und was steht bei dir an, Cait?«, fragte Liz. Es war eine ganz einfache Frage von einer meiner ältesten Freundinnen. Liz und ich kannten uns seit der achten Klasse. Wir besuchten nur ein Jahr lang dieselbe Schule, aber mehr brauchten wir gar nicht. Sie wohnte in derselben Straße, und oft waren wir zwischen unseren beiden Elternhäusern unterwegs, oder man konnte eine von uns bei mir oder ihr finden. Sie hoffte wohl nach all den Jahren, dass auch ich mich jetzt endlich zur Sesshaftigkeit erklären würde. Da sie mich aber kannte, rechnete sie wohl eher mit der Mitteilung, dass ich bald für einen Job zurück nach Toronto oder in eine ganz andere Stadt ziehen würde. Ich war ständig auf dem Sprung.

Stattdessen erzählte ich von einem Gedanken, der mich schon die ganze Woche beschäftigte.

»Ich habe mir einen Selbstversuch überlegt, bei dem ich mal probieren will, eine Zeit lang nicht zu shoppen«, sagte ich. »Vielleicht sechs Monate lang oder sogar ein Jahr.«

Derlei Ankündigungen überraschten meine Freundinnen nicht sonderlich. In den vergangenen drei Jahren hatte ich in meinem Leben viele wichtige Veränderungen eingeleitet, einschließlich der, endlich schuldenfrei zu werden und es zu bleiben, meine Gesundheit in den Griff zu bekommen und das Trinken aufzuhören. Diese Veränderungen habe ich auch auf meinem Blog (caitflanders.com, damals bekannt unter »Blonde on a Budget«, zu Deutsch: »Blondine mit kleinem Budget«) dokumentiert, mit dem ich im Jahr 2010 losgelegt habe. Nach Beifallsbekundungen wie »Cool!« und »Spannend!« bedrängten sie mich mit Fragen. Jetzt, da es ausgesprochen war, wollte ich dranbleiben, und es entstand ein Plan in mir. Wir sprachen darüber, wie der Versuch aussehen könnte, und auch darüber, was ich kaufen dürfte und was nicht.

Ich hatte noch lange nicht alle Antworten parat. Ich hatte niemals Antworten, wenn ich mit einem meiner Selbstversuche anfing. Genauso wenig wie damals, als es darum ging, ob ich meine 30.000 Dollar Schulden in zwei Jahren zurückzahlen oder in einem Jahr 15 Kilo abnehmen könnte, war es zu diesem Zeitpunkt vorstellbar, dass ich danach 12 Monate lang von 51 Prozent meines Einkommens leben, 31 Prozent davon sparen und von dem übrigen Geld herumreisen würde. Auch wusste ich nicht, dass ich so viel darüber auf meinem Blog schreiben würde und dass aus den Erfahrungen und Dingen, die ich lernte und nicht online teilte, schließlich dieses Buch werden würde. Das Einzige, was ich sicher wusste, war, dass ich mit meiner Finanzsituation nicht zufrieden war: Ich wollte weniger Geld ausgeben und mehr sparen. So ging die Geschichte los, wie die meisten anderen von mir auch.

Mit neun Jahren nahmen mich meine Eltern mit zur Bank, um ein Kindersparkonto zu eröffnen. Ich bekam ein Heftchen, um meine Einzahlungen und den anschließenden Kontostand zu notieren. Die knapp zehn Seiten des Büchleins wurden nur von Heftklammern zusammengehalten, aber mein Name stand vorne drauf, und es bedeutete mir viel. Zahlen in das Büchlein zu schreiben gab mir das Gefühl, groß zu sein – verantwortlich für etwas Größeres als nur meine Spielsachen. Es wohnte in meiner Schreibtischschublade zwischen meinem Hausaufgabenheft und meinem Tagebuch. Das ist meine erste Erinnerung daran, wie meine Eltern versuchten, mir die Bedeutung des Sparens näherzubringen. Leider nutzte sich der Reiz des Neuen schnell ab. Ich verlor das Büchlein zusammen mit dem Interesse, meine Finanzen zu organisieren.

Als Teenager kam ich oft von der Schule nach Hause und fand Zeitungsartikel auf meinem Bett verstreut. Ausgeschnittene Berichte über Zinssätze, Rentenfonds, Immobilienmärkte und Wirtschaftsprognosen lagen für mich ausgebreitet da. Das war immer das Werk meines Dads. Jeden Morgen trank er eine Kanne Orange-Pekoe-Tee am Küchentisch und las die Zeitung durch. Wenn ich nicht neben ihm saß, sodass er eine Seite direkt vor mich hinlegen konnte, schnitt er den Artikel aus und legte ihn mir aufs Bett. »Hast du schon den Bericht gelesen?«, fragte er, kaum, dass ich nach der Schule das Haus betreten hatte. »Mach ich später«, gab ich immer zurück.

»Später« kam nicht oft vor, wie mein Dad wusste. Er veranstaltete dann beim Abendessen eine Fragestunde über die Zeitungsbeiträge. Oft artete sie in einen Monolog aus, bei dem er ein einfaches Beispiel sehr ausführlich besprach. Hier stieg ich im Allgemeinen aus. »Diese Dinge sind wichtig, Caitlin!«, sagte er, wenn ich meine Augen verdrehte. Ich wusste, dass er Wirtschaftsdinge meinte, wenn er mich mit vollem Namen ansprach. Niemand nannte mich jemals Caitlin, außer es war ernst oder ich bekam Ärger. Trotzdem starrte ich auf die Bäume des Emily-Carr-Gemäldes an der Wand hinter ihm, nickte und wiederholte ein paar Dinge, die er gesagt hatte. Aber ich begann immer mit zwei Wörtern, die alle Eltern provozieren: »Ich weiß.« Damals wusste ich alles.

So langweilig das Thema mir damals auch erschien, so weiß ich heute, was für ein Glück ich hatte, in einer Familie aufzuwachsen, in der man über Geld sprach. Eigentlich redeten wir über alles. Wenn dein Vater zur See fährt, gibt es keine Tabuthemen. Es ging darum, was auf der Toilette stattfindet, bis zu manchmal grausamen, aber ehrlichen Ratschlägen, was man mit Jungs im Bett nicht tun sollte. Wir gingen schonungslos ehrlich ins kleinste Detail, oder wenigstens waren meine Eltern überzeugt davon, dass wir dies taten.

So aufrichtig, wie ich in manchen Dingen meiner Familie gegenüber auch war, bewahrte ich doch auch viele Geheimnisse für mich. Als ich Teenager war, waren meine Eltern sich sicher, dass ich das Geld, das ich mit dem Babysitten meiner jüngeren Geschwister verdiente, zurücklegte. Ich erwähnte nie, dass ich das meiste davon für Alkohol und Drogen ausgab. Als ich mit dem College fertig war und auszog, hatten mir meine Eltern alle Grundregeln zum Umgang mit Geld beigebracht. Ich hatte ihnen jedoch nie erzählt, dass ich vom ersten Tag an, an dem ich meine Kreditkarte bekommen hatte, verschuldet war. Seit meinem zehnten Lebensjahr war mein Vater trockener Alkoholiker. Er wusste, dass ich mit anderen trank, aber ich sagte ihm nie, dass ich auch alleine trank oder dass fast jeder erste Schluck mit einem Filmriss endete. Meine Familie sah, dass ich mich gesund ernährte und viel wanderte. Ich erzählte jedoch nie, wie oft ich Schokolade im Auto aß oder Pizza bestellte, wenn ich allein war.

Dabei log ich nicht nur meine Familie an, sondern auch mich selbst und vor allem darüber, was das alles mit meiner körperlichen und seelischen Gesundheit anstellte. Je höher mein Kreditkartenkonto im Soll war, desto schlechter schlief

ich. Je mehr ich trank, desto mieser dachte ich über mich. Je
mehr ich aß, umso mehr nahm ich zu, was noch oben drauf-
kam (oder besser gesagt, davon abgezogen werden musste)
zu dem, wie ich mich fühlte. Und je länger ich so tat, als ob
all diese Dinge nicht passierten, desto schlimmer wurde es.

Nachdem ich monatelang meine Kontoauszüge ignoriert
hatte, blickte ich schließlich im Mai 2011 dem Soll ins Auge
und stellte fest, dass ich es auf fast 30.000 Dollar Dispokredit
gebracht hatte. Obendrein hatte ich nur noch 100 Dollar auf
meinem Girokonto und 100 Dollar auf meiner Kreditkarte,
mit denen ich sechs Wochen lang zurechtkommen musste,
bis zu meinem nächsten Gehalt. Zu der Zeit brachte ich so
viel auf die Waage wie nie zuvor. 95 Kilo auf 1,70 Meter gilt
eindeutig als übergewichtig. Nachdem ich im ganzen Land
nach einem Job gesucht und innerhalb von nur acht Wochen all meine Ersparnisse versoffen hatte, zog ich mit 25
Jahren zurück in das Kellerzimmer bei meinen Eltern.

Allein das Gewicht der Schulden war erdrückend. Ich
weinte mich wochenlang in den Schlaf, mit dem Gefühl,
jede Chance auf so etwas wie eine gesicherte finanzielle Zukunft verloren zu haben. Ich fürchtete, nicht über die Ent-
täuschung hinwegzukommen, die ich meinen Eltern berei-
tet hatte, und dass ich darin versagt hatte, meinem Bruder
und meiner Schwester das nötige Vorbild zu sein.

Aber manche Träne vergoss ich auch wegen anderer Dinge, von denen ich wusste, dass ich sie ändern musste. Ich
hatte schon früher versucht, mit dem Trinken aufzuhören,
aber ich hielt nie länger als ein paar Wochen durch. Mein
Gewicht unterlag schon häufiger Schwankungen, als ich zu-
rückdenken konnte, aber diese vielen Kilos waren für mich

ein neuer Tiefpunkt. Es stellte sich heraus, dass ich in Wirklichkeit nicht alles wusste. Ich wusste ein bisschen, aber nicht genug, als dass es mich davon abgehalten hätte, so weit zu kommen. Ich hatte meinen persönlichen Tiefpunkt erreicht und wollte nicht wissen, was ich entdecken würde, wenn ich noch weiter abrutschte. Dieses »eines Tages«, an dem ich alles ändern würde, wie ich mir immer wieder versichert hatte, war gekommen.

In den zwei Jahren darauf zahlte ich alle Schulden zurück, achtete auf meine Gesundheit, zog nach Toronto und dann nach Vancouver und hörte nach einigen weiteren missglückten Versuchen endgültig auf zu trinken. Ich schrieb über alle Veränderungen in meinem Blog, was mir mit jedem Update mehr Follower einbrachte. Dabei will ich nicht behaupten, dass mir irgendetwas davon leichtfiel oder dass ich alle Expertentipps befolgt habe. Ich habe einfach getan, was für mich gut war, und ich war dankbar dafür, Menschen zu haben, die zu mir hielten.

Nach diesen beiden Jahren hätte ich so weit sein müssen, ein viel glücklicheres und gesünderes Leben zu führen. Ich hatte schwer daran gearbeitet und bewiesen, dass ich alles schaffen konnte, was ich mir vorgenommen hatte. Stattdessen fiel ich wieder zurück in alte Verhaltensmuster.

Ich trank zwar nicht, aber ich gab fast jeden extra Penny aus, den ich hatte. Zunächst schien es ganz harmlos. Fünf extra Dollar hier oder fünf extra Dollar da. Es war normal, für ein oder zwei Dinge in ein Geschäft zu gehen und es mit fünf wieder zu verlassen. Aber die Beträge summierten sich schnell, und ich fing an, immer öfter die Ausgaben für einen Brunch zu rechtfertigen, oder wann immer ich neue Bücher

haben wollte, sie einfach zu kaufen. Schließlich fuhr ich häufiger nach Hause und machte von dort aus immer öfter Wo-
chenendtrips mit Freunden. Das fühlte sich unleugbar gut
an. Nachdem ich zwei Jahre mit extrem eng geschnalltem
Gürtel gelebt hatte, fühlte es sich gut an, wieder über mehr
Freiheit und Flexibilität zu verfügen – spontaner sein zu können und endlich Spaß haben zu dürfen. Nie meine Sparziele
zu erreichen und meinen Lesern erklären zu müssen, woran
das lag, fühlte sich jedoch nicht gut an. Als ich meine Schulden zurückzahlte, hatte ich mir angewöhnt, den geplanten
Betrag am Monatsanfang und das Ergebnis am Ende mitzuteilen. In diesen zwei Jahren gab es Monate, in denen ich
bis zu 55 Prozent meines Einkommens zur Rückzahlung der
Schulden einsetzte. Es war vielleicht radikal, aber ich tat alles
Mögliche, um mein Soll auf null zu bringen. Als dieser Tag
schließlich gekommen war, fühlte ich mich freier und leichter, so, als hätte die Welt für mich viele neue Türen geöffnet.
Zum ersten Mal in meinem Leben konnte ich mir richtige
Sparziele setzen, wie zum Beispiel, 20 Prozent meines Einkommens für meine Rente einzuzahlen.

Es war machbar. Es wäre machbar gewesen. Aber es war
doch schwieriger, als ich erwartet hatte. Im ersten Jahr war
ich angeblich »freier«, ich postete weiterhin meine Ergebnisse am Monatsende und freute mich, wenn ich berichten
konnte, dass ich sogar 10 Prozent gespart hatte.

Die Idee mit dem Shopping-Bann, wie ich es nannte, kam
mir nicht über Nacht. Dieser Samen wurde einmal im Monat, immer zum Ende hin, im Lauf eines Jahres gesät. Jedes
Mal, wenn ich ein Update verfassen und begründen musste,
warum ich kaum Geld sparen konnte, sagte ich mir, dass ich

es besser konnte. Ich könnte mehr sparen, das wusste ich. Ich wusste einfach nicht, wo ich mit den Veränderungen anfangen sollte. Erst als die ganze Familie Flanders bei einem unserer üblichen Gespräche über Gelddinge um den Tisch saß, hatte ich mein Aha-Erlebnis.

Nachdem wir meine Schwester Alli ins Gebet genommen hatten, weil sie Hunderte ihrer schwer verdienten Dollar für etwas ausgegeben hatte, das wir für sinnlos hielten, konterte sie mit einer speziell an mich gerichteten Antwort. »Ich spare 20 Prozent meines Gehalts, das heißt, ich kann den Rest meines Gelds ausgeben, wofür ich will.« Sie war erst 20, studierte Vollzeit an der Uni und arbeitete Teilzeit – und hatte das Geheimnis vor mir entdeckt. Spare zuerst und gebe aus, was übrig ist. Trotzdem hatte ich als große Schwester das Gefühl, tiefer graben zu müssen. »Aber du wohnst zu Hause. Brauchst du wirklich 80 Prozent deines Gehalts, oder könntest du mit weniger auskommen?«

Sobald die Worte meinen Mund verlassen hatten, merkte ich, wie scheinheilig ich klang. Es begann zu rattern.

Dieses Gespräch fand eine Woche vor meiner Wandertour in Whistler statt, und ich verbrachte die folgende Woche damit, meine Zahlen zu analysieren und mir ein paar ernste Fragen zu stellen. *Da ich nur 10 Prozent meines Einkommens sparte, wohin ging der Rest meines Gelds? Warum fand ich ständig Ausreden für meine Ausgaben? Brauchte ich tatsächlich 90 Prozent meines Einkommens, oder konnte ich mit weniger auskommen?* Ähnliche Fragen hatte ich mir in den vergangenen zwölf Monaten zu jedem Monatsende gestellt und wusste noch immer keine Antworten. Obwohl mir ganz klar war, dass ich bei mir zu Hause, in meinem Beruf und in meinem

Leben eindeutig alles hatte, was ich wollte, fühlte es sich doch nie nach genug an. Ich war nie zufrieden. Ich wollte immer mehr. Aber da von allem mehr zu haben mich nicht ausfüllte, war es vielleicht an der Zeit, an mir zu arbeiten und weniger zu wollen.

Als ich vom Whistler-Wochenende zurückkam, schrieb ich meine Pläne auf. Die Regeln für den Shopping-Bann schienen denkbar einfach: Im kommenden Jahr durfte ich keine neuen Kleidungsstücke, Schuhe, Accessoires, Bücher, Zeitschriften, Elektronikgeräte oder irgendetwas für die Wohnung kaufen. Konsumgüter, Lebensmittel, Hygieneartikel und Benzin fürs Auto waren erlaubt. Ich durfte alles kaufen, was auf meiner »genehmigten Shopping-Liste« stand. Das waren ein paar Sachen, von denen absehbar war, dass ich sie in nächster Zeit brauchen würde. Ich durfte auch Dinge ersetzen, die kaputt oder abgetragen waren, wenn es unbedingt nötig war, aber nur, wenn ich das ursprüngliche Teil entsorgte. Zu bestimmten Gelegenheiten durfte ich noch zum Essen gehen. Ich durfte jedoch keinen Coffee to go mehr kaufen. Er war meine größte Sucht und etwas, für das ich nicht länger jeden Monat 100 Dollar oder mehr ausgeben wollte.

Als ich beschlossen hatte, dass ich nichts Neues mehr kaufen dürfte, entschied ich mich auch, alles Alte loszuwerden, das ich nicht mehr brauchte. Ein Blick in jede Ecke meiner Wohnung zeigte mir, dass ich mehr hatte, als ich brauchte, und nichts davon zu schätzen wusste. Ich wollte das benutzen, was ich schon besaß. Ich wollte das Gefühl haben, dass alles einen Zweck hatte, und alles, was ich in Zukunft durch die Haustür tragen würde, sollte auch einen Zweck haben. War das nicht der Fall, konnte ich es auch loswerden.

Bevor ich bei meinem Blog auf »Veröffentlichen« drückte und meine Pläne den Lesern mitteilte, fügte ich hinzu: »Ich habe bewusste Entscheidungen getroffen, um meine Schulden zurückzuzahlen, aufgehört, meine Trägheit zu entschuldigen, und Trinken von der Liste meiner Hobbys gestrichen. Ich bin jedoch noch immer nicht die bewusste Konsumentin, die ich gerne wäre.« Ich wollte keine weiteren Impulskäufe, nur um anschließend festzustellen, dass ich wieder einer Werbestrategie oder einem Sales-Banner aufgesessen war. Ich wollte aufhören, Geld für Dinge zu verschwenden, von denen ich dachte, ich würde sie brauchen, beim Nach-Hause-Kommen jedoch feststellte, dass ich bereits mehr als genug davon hatte. Und ich wollte mich wirklich nicht mehr verleiten lassen, Dinge zu kaufen, die ich niemals benutzen würde.

Ich wollte an einen Punkt kommen, nur zu kaufen, was ich brauchte, und nur dann, wenn ich es brauchte. Ich wollte endlich sehen, wohin mein Geld ging. Wollte mit meinem Geld so umgehen, dass es zu meinen Zielen und meinen Werten passte. Ich wollte wirklich weniger ausgeben und mehr sparen, was mir jedoch niemals gelingen würde, wenn ich weiter unüberlegte Kaufentscheidungen traf.

Mit dieser neuen Herausforderung wollte ich am nächsten Morgen beginnen: dem 7. Juli 2014 – meinem 29. Geburtstag und dem Anfang meiner 30. Reise um die Sonne. Ich würde weiter viele Updates über das, was ich in diesem Jahr des bewussten Konsums gelernt hatte, auf meinem Blog teilen. Es ging ums Ausgeben, ums Geldausgeben. Hier beginnt die Geschichte, die wie viele meiner Geschichten begonnen habt. Es gab jedoch in diesem Jahr auch viele andere Dinge, die ich nur zögernd teilte – Ereignisse, die mir das Leben, wie ich es kannte, unter den Füßen wegzogen und mich wochenlang aufs Bett warfen. Wochen, in denen ich mit dem Gedanken spielte, all die positiven Veränderungen, an denen ich gearbeitet hatte, aufzugeben. In diesem Jahr, das eigentlich einfacher hätte werden sollen, indem ich mich weniger stresste, wurde mir alles genommen, was ich liebte und was mir Halt gab, und ich war gezwungen, von vorne anzufangen und mein Leben neu zu gestalten.

All diese Geschehnisse habe ich nicht auf meinem Blog geteilt. Ich bin sicher, dass mich meine Leser unterstützt hätten, aber ich war zu fertig, um es aufzuschreiben. Jedes Mal, wenn ich es versuchte, wollte ich vor Kummer zerfließen und löschte den Entwurf. Damals konnte ich nicht darüber sprechen, aber jetzt möchte ich alles teilen – hier in diesem Buch mit dir. Auf den nächsten Seiten führe ich dich durch mein Jahr des bewussten Konsums, genau so, wie es war. Auf diesem Weg führe ich dich auch durch Ereignisse aus den Jahren und Jahrzehnten davor. Denn nur mit diesen Informationen kannst du dir ein Bild machen und wirst verstehen, warum dieses Jahr so wichtig für mich war. Es war meine Herausforderung. Es stellte mein Leben auf den Kopf. Und dann rettete es mich.

Regeln für ein Jahr Shopping-Bann

Was ich kaufen darf:

- Lebensmittel und Küchenvorräte
- Kosmetik und Hygieneartikel (erst, wenn sie aufgebraucht sind)
- Putzmittel
- Geschenke für andere
- Sachen von der genehmigten Shopping-Liste

Was ich nicht kaufen darf:

- Coffee to go
- Kleidung, Schuhe, Accessoires
- Bücher, Zeitschriften, Notizbücher
- Dinge für die Wohnung (Kerzen, Dekoartikel, Möbel usw.)
- Elektronikgeräte

Genehmigte Shopping-Liste:

- Ein Kleid für verschiedene Hochzeiten (ein Kleid und ein paar Schuhe)
- Sweatshirt (ich besaß nur eins, und es hatte schon viele Löcher)
- Jogginghose (ich hatte nur noch eine)
- Stiefel (ich hatte keine passenden für Herbst/Winter)
- Bett (meines war schon 13 Jahre alt und musste dringend ersetzt werden)
- Ich darf alles kaufen, was ersetzt werden muss; das ursprüngliche Produkt muss weggeworfen oder verschenkt werden.

Ich muss auf meinem Blog weiter die Wahrheit erzählen.

1

Juli:
Bestandsaufnahme

Alkoholabstinenz: *18 Monate*
Gespartes Gehalt: *20 Prozent*
Vertrauen, dass ich das Projekt zu Ende bringe: *100 Prozent (aber ich habe noch keinen Schimmer, auf was ich mich hier eingelassen habe)*

Ich war immer sehr ordentlich. Als Kind mussten meine Eltern mir nie sagen, dass ich mein Zimmer aufräumen sollte. Alles, was ich besaß, hatte seinen Platz in einer Schublade oder einer Kiste, und es war alles ordentlich verräumt. Die Klamotten in meinem Schrank waren nach Kleidungstyp sortiert: zuerst Tops, kurzärmlige Blusen, langärmelige Blusen, dann Hosen, Röcke und Kleider hinten. Sogar die Bücher im Regal waren zuerst nach Größe, dann nach der Farbe auf den Buchrücken sortiert.

In der Grundschule sah mein Tisch genauso aus. Auf der rechten Seite war ein Stapel Hefter, sortiert nach den Farben des Regenbogens: Rot ganz oben, Pink ganz unten, Orange, Gelb, Grün, Blau und Lila dazwischen. Auf der linken Seite lag mein Federmäppchen auf meinem Wörterbuch, das auf meinem Buch mit den Mathetextaufgaben lag. In der Kunststoffablage gelang es mir, meinen Radiergummi in einer Ecke, in der anderen das Tipp-Ex und meine weiteren Schreiber und Bleistifte, in einer Linie aufgereiht, unterzubringen. Ich ordnete sogar alle 24 Farbstifte der Farbe nach in der Schachtel.

Immer wenn die Lehrer uns Zeit gaben, unseren Tisch aufzuräumen, saß ich still da und sah meinen Freunden zu, wie sie sich abmühten. Zerknüllte Notizzettel, gebrauchte Sandwichtüten, längst verloren geglaubte Büchereibücher purzelten zu Boden. Lautes Stöhnen und tiefe Seufzer hörte man von überall, als meine Klassenkameraden die letzten Teile aus dem Pult nahmen und merkten, dass sie für alles wieder einen Platz finden mussten. Ich hoffte dann immer insgeheim, dass sie mich um Hilfe bitten würden – und ich weiß, dass ich zum Übereifer neigte, wenn sie es taten.

Ich habe diesen Sauberkeitsfimmel überall dort etabliert, wo mir etwas gehörte. Die von mir verwendeten Schließfächer, die Autos, die ich gefahren habe, Apartments, die ich bewohnt habe, Kisten, die ich gepackt und eingelagert habe, und sogar Kartenetuis und Portemonnaies, die ich jeden Tag mit mir herumschleppte. Wer jemals in etwas hineingeschaut hat, das von mir war, erblickte Aufgeräumtheit – bis es das irgendwann nicht mehr war.

Im Frühjahr 2014 fing ich an, Sachen zu verlieren. Mein grünes Top war das Erste, was weg war. Es war das einzige grüne Top von mir, und es lag immer auf der rechten Seite der zweiten Schublade in meiner Kommode mit den drei Schubladen. Eines Morgens öffnete ich die Schublade und war überrascht, es nicht dort zu sehen. Ich durchsuchte die Stapel mit den anderen Tops und T-Shirts in der Schublade, dann kämpfte ich mich durch die beiden anderen Schubladen. Kein grünes Top. Es war nicht im Schrank oder im Wäschekorb oder in der Waschmaschine oder im Trockner. Es war einfach weg. Unauffindbar. Von demselben Monster verschlungen, das auch immer meine Socken schluckte.

Danach war es so, als ob immer genau das, was ich brauchte, unauffindbar war. Die zweite Tube Zahnpasta. Ich hätte schwören können, ich hatte sie in der Kiste mit den anderen Hygieneartikeln unter dem Waschbecken verstaut. Der pinkfarbene Badeanzug, den ich nicht einmal mochte, aber behalten habe, da ich wusste, dass mein schwarzer sich langsam auflöste. Und dann der Dosenöffner. Ich war ein Mensch mit einer Besteckschublade, in der sich unter anderem ein Dosenöffner befand. Warum war er nicht mehr da?

Während ich die Sachen suchte, die ich wirklich brauchte, fand ich alles, was ich nicht brauchte. Die fünf schwarzen Tops, die mir jetzt, 15 Kilo leichter, zu groß waren. Der endlose Vorrat an Bodylotions und Duschgels, die ich ständig nachkaufte, ohne die noch vorhandenen aufzubrauchen. Die Sommer- und Winterkleidung, die ich in Port Moody, B.C., in einer Gegend mit dem mildesten Klima Kanadas, selten trug. Viele dieser Sachen hatte ich mit einer meiner beiden Kreditkarten erstanden, zu einer Zeit, als ich noch beim Schuldenanhäufen war, jedoch ohne das neu Erworbene jemals zu benutzen. Manche dieser Sachen hatten noch ihre Original-Preisschilder dran.

Schulden und Kram haben etwas gemeinsam: Sobald du zulässt, dass sie sich ansammeln, wird es immer schwieriger, sie wieder loszuwerden. Ich ignorierte monatelang meine Schulden, da ich immer nur eine Ecke des Kreditkartenauszugs anhob, um die fällige Mindestrückzahlungsrate zu erkennen. Dieser Trick funktioniert nur so lange, bis ich den Gesamtsaldo sah und feststellte, dass nur noch 100 Dollar bis zum Kartenlimit fehlten. Die Rechnung war einfach. Ich hatte mir ein tiefes Loch gegraben und nun keine andere Wahl mehr, als mich da herauszuarbeiten. Meine Kram-Misere stellte sich als nicht ganz so dramatisch heraus. Wenn ich mein Apartment betrat, sah es so aufgeräumt aus wie immer. Die Handtücher waren alle gefaltet, die Kleidung hing in der üblichen Ordnung, und die Schuhe waren paarweise aufgereiht. Sogar meine Bücher waren ordentlich sortiert, nur jetzt nach Genre – Fiktion, Biografien, Business und private Finanzen –, dann nach Größe und manchmal immer noch nach Farben sortiert. Das Problem war, dass ich die meisten davon nicht las. Etwas, an das ich jedes Mal denken musste, wenn ich am Regal vorbeiging und die Bücher sah.

Ich dachte darüber zum ersten Mal nach, als ich im Jahr 2013 fünfmal umgezogen war. Jedes Mal zog ich Kisten aus einem Schrank, trug sie zu einem Transporter, fuhr zu dem neuen Apartment, schleppte sie hinein und verstaute sie in meinem neuen Schrank – das alles, ohne jemals nachzuschauen, was sich eigentlich in den Kisten befand. Fünfmal wiederholte sich das aufgrund einer Reihe von unglücklichen Umständen: Einmal versuchte jemand, in das einzige Apartment im Erdgeschoss einzubrechen, in dem ich jemals gewohnt hatte, als ich daheim war und mich von einem Autounfall erholte; ein anderes Mal eröffnete mir ein langjähriger Freund und neuer Mitbewohner nur fünf Tage, nachdem wir zusammengezogen waren, dass er lieber in eine neue Stadt ziehen wollte. Das war ein hartes Jahr.

Mein letzter Umzug im September 2013 brachte mich in diese Wohnung in Port Moody. Vor dem Umzug war ich nur zweimal dort gewesen, aber ich habe mich sofort in die Stadt verliebt. Sie war weit genug weg vom Zentrum von Vancouver, sodass man sich wie in einer Kleinstadt fühlte, und sie lag an einem Fjord, sodass man immer am Meer war. Mein Schreibtisch stand vor raumhohen Fenstern, die den Blick auf Bäume und Berge freigaben. Freunde stellten oft fest, dass es aussah, als würde ich auf dem Set von einem *Twilight*-Film wohnen, was gar nicht so abwegig war, da die meisten der Filme in British Columbia gedreht wurden, ein paar Szenen sogar in Port Moody.

Für eine Vollzeitredakteurin, die ortsungebunden für ein Finanz-Start-up arbeitete, war mit dem Apartment mit diesem Ausblick ein Traum wahr geworden. Du kannst jedoch nur eine bestimmte Zeit im Homeoffice verbringen, bis du schließlich bemerkst, was sonst noch so in deiner Umgebung herumsteht: deine Sachen. Und obwohl meine Sachen hübsch aufgeräumt waren, gab es immer noch zu viel; zu viel, auf dem sich nur Staub ansammelte.

Wie aber kam ich zu dem Entschluss, endlich auszumisten? Der Anfang der Geschichte ist, ehrlich gesagt, nicht allzu dramatisch: Ich habe die Entscheidung getroffen, nachdem ich sehr, sehr oft zuvor gedacht hatte, *ich sollte etwas von dem Zeug loswerden.* Solche Gedanken kannte ich schon aus anderen Situationen: *Ich sollte meine Kreditkarte nicht mehr benutzen* oder *ich sollte mich nicht mehr mit Junkfood vollstopfen* oder *ich sollte nicht mehr so viel trinken.* Die Ausrede, die ich für mich immer parat hatte, lautete, dass ich es »eines Tages« tun würde.

Und »eines Tages« kam schließlich. Eines Tages im Jahr 2011 hatte ich das Limit meiner Kreditkarte ausgereizt. An genau diesem Tag im Jahr 2011 fehlten nur ein paar Kilo, und ich hätte in der Abteilung für Übergrößen einkaufen müssen. Eines Tages im Jahr 2012 wollte ich nicht mehr mit einem weiteren Filmriss aufwachen. In all diesen Fällen hätte ich vermutlich Wege gefunden, einfach so weiterzumachen. Ich hätte die Kreditkartenfirma anrufen und um einen höheren Kreditrahmen bitten können, hätte weiter zu viel essen und trinken können, ohne darauf zu achten, was es mit meinem Körper und meinem Kopf machte. Aber eines Tages wusste ich: Genug ist genug. Die Märchen, mit denen ich mich selbst getäuscht hatte, um meine schlechten Gewohnheiten möglichst lange beibehalten zu können, waren zu Ende. Ich war damit durch.

Und eines Tages im Juli 2014 war ich auch damit durch, mich durch alles Mögliche zu wühlen, ohne das zu finden, was ich eigentlich suchte.

Von allen Dingen, die mich endgültig zum Entrümpeln hätten bewegen können, war der Dosenöffner der Auslöser. Ich wollte einen Salat mit schwarzen Bohnen zubereiten, benötigte jedoch den Dosenöffner dafür. Das einzige Problem war: Ich konnte ihn nicht finden. Ich suchte in jedem Küchenschrank und jeder Schublade. Suchte im Waschbecken und in der Spülmaschine. Ich sah sogar in der Recyclingtonne nach, weil ich befürchtete, dass ich ihn aus Versehen mit der letzten geöffneten Dose weggeworfen hatte. Aber ich konnte ihn nirgends finden.

Es war die erste Juliwoche, und der Großraum Vancouver wurde von einer Hitzewelle heimgesucht. Die Temperaturen bewegten sich um 34° C und stiegen mit der Luftfeuchtigkeit auf über 40° C. Ich wohnte im 22. Stock eines Betonblocks ohne Klimaanlage, was es nicht besser machte. Mir war heiß. Ich hatte Hunger. Ich war frustriert. Ich wollte nur diesen dummen schwarzen Bohnensalat, den ich nicht kriegen konnte. Stattdessen musste ich einfachen Salat essen, konnte jedoch zwischen 21 Gabeln auswählen, um eben dies zu tun.

»Eines Tages« war nun gekommen, und ich war bereit, alles in der Besteckschublade loszuwerden, wie all die anderen Dinge in meinem Apartment, die ich nicht brauchte. Und wie in den Momenten, als ich beschloss, meine Schulden zurückzuzahlen, gesünder zu essen, mehr Sport zu treiben und sogar endgültig mit dem Trinken aufzuhören, sprang ich mit beiden Beinen voraus in mein Vorhaben, allerdings ohne Kompass. Ich bin einfach losgestürmt.

Es war der Tag, an dem ich jeden Schrank, jeden Küchenschrank, jede Schublade in meinem Apartment ausleerte und den Inhalt auf den Fußboden jedes Zimmers ausbreitete. Das war ein paar Monate, bevor Marie Kondos *Magic Cleaning: Wie richtiges Aufräumen Ihr Leben verändert* die Bücherregale in Nordamerika eroberte, aber die Methode war im Prinzip dieselbe. Das hübsche, aufgeräumte Zuhause, in dem ich immer gewohnt hatte, gab es nicht mehr. Ich stand in einem riesigen Durcheinander, das ich nicht mehr durchblickte, obwohl jedes einzelne Teil mir gehörte. Als ich mich umschaute, war ich erschlagen von der Aufgabe, die ich mir gerade selbst gestellt hatte. Was hatte ich getan? Wenn du jedoch ein Durcheinander dieser Größenordnung anrichtest, bleibt dir nichts anderes übrig, als aufzuräumen. Es war Zeit, sich an die Arbeit zu machen.

Ich beschloss, im Schlafzimmer anzufangen – genauer gesagt mit dem Kleiderschrank. Das Zimmer, so schien es mir, war am einfachsten aufzuräumen. Fast alle anderen Frauen, die ich kannte, liebten Kleidung und Accessoires. Ich gehörte nicht zu diesen Frauen – und hatte noch nie dazugehört.

Schon seit Teenagertagen trug ich immer eine Uniform. Keine richtige Uniform, wie man sie auf Privatschulen tragen muss, aber einen bestimmten Look. Der war jedes Jahr ein wenig anders. In der achten Klasse durchlief ich immer noch die Tomboy-Phase, in Basketball-Shirts und Tearaway-Jogginghosen. In der neunten Klasse tauschte ich die Basketball-Shirts gegen Hoodies und die Jogginghosen gegen Jeans. Die zehnte Klasse war für mich wohl das seltsamste Jahr, da versuchte ich, mich ein bisschen mehr girly zu kleiden. Das bedeutete auch, dass ich viel Pink trug, was mir mit meinem hellen Teint überhaupt nicht stand. Im nächsten Jahr habe ich mich in ein Surfer-Girl verwandelt mit Puka-Muschelketten um den Hals, in der Auffahrt stand ein weißer Hyundai Excel mit Namen Roxy, Baujahr 1991. Diesen

Look behielt ich bei bis zum Ende des College im Jahr 2007, aber davor ließ ich mir noch blaue Wellen und *Island Girl* auf Französisch auf meine Schulter tätowieren, um den Look abzurunden. Ach, was für eine Freude, 19 zu sein! Und in den ersten fünf Jahren meines Berufslebens im öffentlichen Dienst trug ich dunkle Stoffhosen mit dunklen Pullis, eine schwarze Caban-Jacke und schwarze flache Schuhe.

Während im Lauf der Jahre mein Look oft wechselte, gab es eine Konstante: In jeder Phase trug ich vermutlich eins meiner vielleicht drei Outfits, die ich wirklich mochte. Zu dem Zeitpunkt, als ich meinen Schrankinhalt auf dem Boden verteilte, bestand dieses aus Jeans oder Chinos und einem lockeren Top oder Pulli. Ich trug sogar dasselbe T-Shirt und dieselbe Leggings jeden zweiten Tag im Fitnessstudio. Alles in allem nutzte ich nicht mehr als 20 Kleidungsstücke, Socken und Unterwäsche nicht eingerechnet. Und ich wusste es. Ich wusste, ich hatte dieselben Sachen wieder und wieder an, Tag ein, Tag aus. Aber ich erkannte es nicht, bis ich meinen Kleiderschrank und die Schubladen ausleerte und auf die Stoffberge am Boden blickte.

Da waren Trägertops, die nur zu ein paar besonderen Pullis passten. Pullis, die nicht richtig saßen oder die nicht genug bedeckten. Kleider, die mir auch mit 15 Kilo weniger nicht wieder passten, die ich aber früher mochte, weil sie meine Kurven richtig betonten und alles am richtigen Platz hielten. Klamotten aus meiner »dicken« Zeit, die ich für den Fall aufbewahrte, dass ich wieder zunehmen würde. Zahlreiche Teile, die ich gekauft hatte, nur weil sie reduziert waren. Und dann war da die Dienstkleidung, wie ich sie nannte: die dunklen Stoffhosen und dunklen Pullover, die Caban-

Jacke, von der ich immer das Gefühl hatte, dass ich darin verschwand. Es war alles meins, aber ich sah es nicht, da ich das meiste davon niemals trug.

Ich schmiss fast alles raus. Bei keinem einzigen Teil überlegte ich hin oder her. Wenn ich es in den letzten paar Monaten nicht getragen hatte, musste es raus. Wenn es nicht richtig passte, musste es raus. Die Kleidung aus dünneren Zeiten musste definitiv raus. Sie zu behalten motivierte mich nicht dazu, noch mehr abzunehmen. Sie entmutigte mich und hielt mich davon ab, einfach meinen neuen Körper zu genießen und mich zu freuen, wie weit ich es geschafft hatte. Sollte ich eines Tages mehr abnehmen, würde ich mir neue Sachen kaufen, die meine neuen Rundungen an den richtigen Stellen umschmeicheln würden. Also mussten die Klamotten aus schlankeren Zeiten verschwinden. Da ich wusste, dass ich nie wieder in die Geschäftswelt zurückkehren würde, konnte ich auch die Dienstkleidung entsorgen. Ich befüllte vier große schwarze Müllsäcke mit Kleidungsstücken, Jacken, Schuhen, Taschen und Schals, um sie wegzugeben. Ein paar Teile, die sehr abgetragen waren, warf ich weg. Im Schrank hingen jetzt nur noch ungefähr zwölf Kleiderbügel, eine Kommode mit drei Schubladen war zur Hälfte gefüllt. Das war nicht viel, aber es war das, was mein eigentliches ICH anziehen würde.

Zu diesem Zeitpunkt beschloss ich aufzuschreiben, wie viel ich eigentlich ausmistete. Ich hatte die Rückzahlung meiner Schulden dokumentiert, meine Trainingserfolge, meinen Gewichtsverlust und sogar meine trockenen Monate. Jetzt würde ich auch das aufschreiben. Zu Beginn war keine besondere Absicht dahinter, außer meiner Neugierde.

Nachdem ich 55 Prozent des Inhalts meines Kleiderschranks zur Tür hinausgetragen hatte, wusste ich, es würde ein großes Ding werden, und ich wollte Zahlen sehen.

Das nächste Zimmer, das ich in Angriff nahm, war mein Büro, was auch mein Wohnzimmer und eigentlich auch mein Esszimmer und sogar meine Küche war. Durch den offenen Grundriss meines Apartments sah man sofort alles, wenn man hereinkam. Als ich die Küchenschränke, Regale und Schubladen hier ausleerte, häufte ich alles auf den Laminatboden im Esszimmer. Ich hatte keinen Esstisch oder Stühle – was immer ein untrügliches Zeichen dafür ist, dass die Person in diesem Apartment alleine lebt und die Mahlzeiten auf der Couch zu sich nimmt. Stattdessen hatte ich einen Ausblick auf die atemberaubendsten Sonnenaufgänge, die ich jemals gesehen habe, und mittendrin ein riesiges Durcheinander.

Dieses Durcheinander war schwieriger in den Griff zu kriegen. Die Kleidung auszumisten erschien mir dagegen wie ein Kinderspiel. Zunächst einmal beherbergten die Bücherregale in meinem Wohnzimmer nicht nur mit Wörtern beschriebene Seiten, sondern auch jede Menge Krimskrams. Leblose Objekte, Geschenke von meiner Familie und Freunden im Lauf der Jahre und sogar einige, die ich mir selbst gekauft hatte. Ich stieß auch auf Überbleibsel von früheren Vorhaben, als ich mir eine Kamera und Fotoalben zugelegt hatte, oder Papier und Tinte.

Mit den Büchern war es nicht anders. Meine Mom las mir bereits vor, als ich noch nicht auf der Welt war, indem sie zu ihrem wachsenden Bauch sprach. Sie sagte immer, ich hätte bereits mit vier Jahren selbstständig lesen können. Ich glaubte ihr nur, weil ich einen Beweis dafür fand: Im Alter

von fünf Jahren hatte ich meine winzige Sammlung Kinder-
bücher auf einer Liste aufgeschrieben und für alle anderen
Kinder in unserer Straße eine Bücherei eröffnet, damit sie
die Bücher ausleihen konnten. Die Bücher waren von 1 bis
10 durchnummeriert, und ich führte ein Notizbuch, in dem
stand, wer welches Buch hatte. Niemand sollte eines dieser
kostbaren Besitztümer unter meiner Aufsicht verlieren.

Wie bei den meisten Schriftstellern steckte auch meine
Nase immer in einem Buch. Als ich als Teenager morgens
in der Schulzeit aufgewacht bin, brannte oft noch das Licht
in meinem Zimmer, und mein Buch war auf den Boden
gefallen. Einmal passierte mir auch ein verhängnisvolles
Missgeschick: Ich hatte in der neunten Klasse eine Halsent-
zündung, nahm ein orangefarbenes Eis am Stiel mit ins Bett
und kam nicht dazu, die andere Hälfte zu essen, um meine Halsschmerzen zu lindern. Ich wachte mit einem Buch
in der Hand auf, das eine Menge orangefarbene Flüssigkeit
aufgesaugt hatte, und einem fußballgroßen orangefarbenen
Fleck auf meinen weißen Laken. Es war nicht überraschend,
dass meine Bettwäsche kurz darauf gegen dunklere Schlaf-
textilien ausgetauscht wurde.

Ich mochte schon immer Bücher und las gerne. Aber ich
hatte auch immer die schlechte Angewohnheit, mehr Bücher
zu kaufen, als ich in einem Monat oder sogar in einem Jahr
lesen könnte. Ich kaufte zum Beispiel online zwei Bücher,
damit die Gesamtsumme über 25 Dollar betrug, was mir die
Versandkosten ersparte. Das war eine meiner vielen Gewohnheiten in der Vergangenheit, unüberlegt zu viel Geld auszugeben. Wobei der Kauf des ersten Buchs fast immer durch einen
Impuls ausgelöst wurde. Ich hörte etwas darüber online oder

von einem Freund, sah auf der Website nach, fand dann etwas anderes, das gut klang, und packte es in meinen Warenkorb. Nur um diese unliebsamen Versandkosten auf null Dollar zu drücken. Ich verfuhr so seit etwa zehn Jahren mindestens einmal im Monat. Bei durchschnittlich 26 Dollar pro Bestellung macht das 3120 Dollar und 240 Bücher. Ich schätze, dass ich ungefähr 100 davon gelesen habe.

All diese Veränderungen im Jahr 2013 hatten etwas Gutes: Mir wurde bewusst, wie viele ungelesene Bücher ich besaß, die ich gar nicht mehr lesen wollte. Manche waren Selbsthilfebücher für Probleme, für die ich keine Hilfe mehr brauchte. Andere waren Klassiker, von denen ich dachte, dass ich sie lesen sollte, bei denen ich aber immer einschlief. Und viele waren für Projekte, die ich wahrscheinlich nie in Angriff nehmen würde. Beim Umzug war ich die meisten Bücher losgeworden – hatte ich zumindest gedacht.

Als ich mich ans Entrümpeln der Bücher machte, stellte ich fest, dass ich immer noch 95 besaß. Es war nicht leicht zu entscheiden, was ich behalten und was ich weggeben sollte, aber ich beschloss, ehrlich mit mir zu sein. Würde ich dieses Buch wirklich eines Tages lesen? Lautete die Antwort Ja, stellte ich es zurück ins Regal. Lautete die Antwort Nein, steckte ich es in eine Tüte. Nachdem ich mich so 95-mal entschieden hatte, behielt ich acht Bücher, die ich schon gelesen hatte, aber noch immer sehr mochte, und 54, die ich noch nicht gelesen hatte, aber von denen ich immer noch dachte, dass ich sie eines Tages lesen würde. Ich schenkte 33 Bücher (35 Prozent der ursprünglichen Büchermenge) der Port-Moody-Bücherei. Wenn ich sie nicht lesen sollte, sollte es zumindest jemand anderes tun.

Sachen wie Büromaterial auszusortieren war einfach, da ich nicht mehr hatte, als ich brauchte – außer Stifte. Aus irgendeinem Grund war ich im Besitz von 36 Kugelschreibern. Niemand braucht 36 Kugelschreiber. Ich behielt acht, was vermutlich immer noch zu viel war, und gab den Rest einem Freund, der Lehrer war. Zusammen mit ein paar Aufbewahrungsboxen, Ordnern und alten Notizbüchern entfernte ich 47 Prozent meiner Habseligkeiten aus diesem Zimmer.

Es war überraschend einfach – oder vielleicht doch nicht so überraschend –, Ordnung in die Küche zu bringen. Sie war bereits ziemlich minimalistisch. Ich hatte das Gefühl, dass ich nur ein paar Tassen, Becher und Teller zu viel hatte. Ich behielt alle Elektrogeräte außer dem Mixer, von dem ich ausging, dass ich ihn niemals benutzen würde. Ich verkaufte auch meinen Entsafter, nachdem mir klar geworden war, wie viel Zucker Saft meinem Körper zuführte. Natürlich oder nicht, ich brauchte ihn nicht. Die Hälfte meiner Kochbücher steckte ich in die Tüte zu den anderen Büchern, die ich der Bücherei spenden würde. Trotz der besten Absichten hatte ich sie nie benutzt. Und nachdem ich die Anzahl meiner Gabeln in der Besteckschublade reduziert hatte, trennte ich mich von 25 Prozent meiner ursprünglichen Küchenutensilien.

Schließlich öffnete ich die Badezimmerschränke und fand drei Tüten voll mit Kosmetikartikeln. Ich schüttete den Tüteninhalt ins Waschbecken und sah, wie es überquoll und die Sachen auf den Schrank darunter purzelten. Da waren Bodylotions und Duschgels, aber auch zahlreiche kleine Shampoo-Fläschchen und Haarspülungen aus verschiedenen Hotels. Pröbchen, die ungebetenerweise mit Werbesendungen gekommen waren und die man aber aufhob, weil man

»nichts verschwenden« wollte. Sachen von der Familie und Freunden, die diese nicht mochten, aber dachten, dass ich sie vielleicht mag. Und wieder einmal, wenn auch mit bester Absicht, hatte ich das meiste davon nie verwendet. Ebenso, wie ich immer eine Art Uniform trug, hatte ich eine minimalistische Pflegeroutine – und der Kram gehörte nicht dazu. Ich entleerte die Behälter mit abgelaufenen oder zur Hälfte benutzten Produkten und packte, was man noch verschenken konnte, in Tüten für das Frauenhaus. Insgesamt wurde ich 41 Prozent meiner Kosmetikartikel los, und der Rest fand in einer einzigen Tasche unter meinem Waschbecken Platz.

Nachdem ich schließlich alle Räume ausgemistet hatte, blieben nur noch die Kartons. Die Kartons, die ich aus einem Schrank ausgeräumt, zu einem Transporter getragen, zu meinem neuen Apartment gefahren, ins Haus getragen und dann dort wieder im Schrank verstaut hatte – das Ganze fünfmal –, ohne jemals hineinzuschauen, um herauszufinden, was eigentlich drin war.

Im ersten waren 30 DVDs, 30 CDs und eine Kassette. 57 der 61 Teile wieder in den Karton zu packen, um sie wegzugeben, war wie ein Reflex. Ich besaß kein Gerät mehr, mit dem ich den Inhalt des Kartons hätte abspielen können, somit war er zu nichts mehr zu gebrauchen und musste gehen. Die letzten vier Teile zu verschenken war eine größere Herausforderung: Meine beiden Lieblingsfilme aus der Kindheit und die ersten beiden CDs, die ich jemals gekauft hatte. Ich hatte mir vorgestellt, die Filme mir eines Tages mit meinen Kindern anzuschauen oder die CDs anzuhören, wenn ich mal 80 wäre, und dann meinen Kopf zu schütteln und mich darüber zu wundern, wie doof das inzwischen klang. Aber die Welt war bereits jetzt eine völlig andere, und all diese Sachen konnte man online finden. Ich würde diese Filme und Songs nie vergessen und war mir sicher, sie würden mir wieder begegnen. Alle 61 Teile mussten gehen.

Dann erst zögerte ich und schaute den Karton an. Ich saß an die Wand gelehnt, in einer Reihe mit den Müllsäcken, die ich vollgemacht hatte und die bereit für ein neues Zuhause waren. Ich starrte so lange auf die Säcke, bis ich sie näher an mich heranziehen musste, um noch einmal nachzusehen, was drin war. Wollte ich das wirklich alles loswerden? Ich konnte die Stimme meines Dads hören. Es war dieselbe, mit der er mich immer, wenn er merkte, dass ich etwas nicht benutzte, was er und Mom mir gekauft hatten, darauf hinwies: »Wir haben dafür gutes Geld ausgegeben!« Die hieraus entstehenden Schuldgefühle brachen mir fast das Herz.

Nun saß ich hier, dazu bereit, Tüten und Kartons, gefüllt mit meinen Besitztümern, zur Tür hinauszuwerfen. Ich hatte für das Zeug gutes Geld ausgegeben. CDs und DVDs waren nicht billig, vor allem nicht zu der Zeit, als ich einige davon erstand und nur wenig mehr als den Mindestlohn verdiente. Das einzig Tröstende war die Gewissheit, dass sie wenigstens benutzt worden waren. Die meisten Bücher waren es nicht. Projekte, mit denen ich nie begonnen hatte. Kleidung, nur einmal getragen, wenn überhaupt. Kosmetikartikel gelagert und vergessen bis nach dem Ablaufdatum. Alles verschwendet. Verschwendetes Geld, verschwendete Träume, verschwendete Gelegenheiten. Das genügte fast, mich daran zu hindern, sie wegzugeben. Aber Tag für Tag auf das rausgeschmissene Geld, die Träume und die Gelegenheiten zu starren war noch unangenehmer. Alles musste weg.

Im zweiten Karton fand ich noch mehr Schachteln. Die Originalverpackung für eine Videospielkonsole, zwei Modems und eine Kabelbox plus 14 Kabel und Anschlüsse. Das meiste davon hatte zu einem bestimmten Zeitpunkt nichts gekostet, es war von Kabel- und Internetfirmen oder von Freunden. Ich würde die Konsole verkaufen und den Rest verschenken.

Der letzte Karton war wie eine geheime Schatzkiste als Karton verkleidet, und nur ich wusste, was drin war. Unter Fotoalben, meinen Zeugnissen, meinem Diplom und einem Stapel Jahrbüchern lagen zwei Flaschen. Eine leere Tequilaflasche, einst gefüllt mit einer samtigen, warmen Flüssigkeit, die mir Freunde aus Mexiko mitgebracht hatten als Dankeschön dafür, dass ich Haus und Katzen gehütet hatte. Vorne klebte eine kleine Figur auf der Flasche, ein Mann in einer Hängematte bei der Siesta. Und genau so habe ich den Tequila vor Jahren getrunken: An Nachmittagen auf meiner Terrasse nach einem langen Arbeitstag. *Das ist Leben*, dachte ich jedes Mal, wenn mir die Flüssigkeit durch den Hals rann.

Die zweite Flasche war kein Tequila und nicht aus Mexiko. Sie war auch nicht leer. Es war Rum aus einem örtlichen Schnapsladen, und er war billig. Ich hatte ihn niemals geöffnet. Fast genauso, wie ich mich schuldig fühlte, Dinge wegzugeben, die ich mal für viel Geld gekauft hatte, hasste ich den Gedanken, diesen Rum wegzuschütten, als ich zum ersten Mal mit dem Trinken aufhörte. Klar, er war billig. Aber irgendwann war er für mich wertvoll gewesen, und er würde seinen Zweck erfüllen, wenn ich ihn nur ließe. Waren das nicht die Eigenschaften, die Entrümpelungsexperten von jedem Gegenstand erwarteten, der nicht entsorgt wurde? Natürlich, jetzt war es nur eine Flasche mit einer Flüssigkeit darin, die ich meinem Körper nicht geben konnte – und ich wusste das.

Ich hatte den Rum aus genau demselben Grund aufgehoben, wie ich jedes Kleidungsstück, jedes Buch, jede DVD und jedes Kabel aufbewahrt hatte: »Für den Fall, dass ...« ich es brauchen würde. Für den Fall, dass ich eine schlechte Woche in der Arbeit hatte. Für den Fall, dass ich wieder Herzschmerz hatte. Für den Fall, dass ich mich entspannen musste und eine lustige Nacht haben wollte. Für den Fall, dass ich vergessen wollte. Für den Fall, dass ich beschließen würde, dass dieses alkoholfreie Leben nicht für mich gemacht war.

Es war auch eine Prüfung – eine alberne Prüfung, die ich nie jemandem zumuten würde, den ich leiden konnte, aber ich habe sie mir trotzdem auferlegt. Meistens vergaß ich, dass da ein Karton in meinem Schlafzimmerschrank stand und ich unter den Fotoalben, den Zeugnissen, dem Diplom und den Jahrbüchern eine ungeöffnete Flasche mit weißem Rum finden würde. Aber immer, wenn ich mich in einer dieser »Für den Fall der Fälle«-Situationen befand, erinnerte ich mich daran, dass sie da war. Nicht so sehr nach einem schlimmen Arbeitstag. Es hat eine Weile gedauert, aber ich lernte, es mithilfe eines Trainings und frischer Luft zu kompensieren. Es war hauptsächlich das schmerzende Herz; das gleiche Herz, das später Spaß und Aufregung verlangte. Wie der Antrieb, der mich dazu brachte, Bücher zu kaufen, wann immer ich es wollte, so verlangte es mich immer dann nach einem Drink, wenn es mir mies ging. Richtig mies, unterirdisch mies. Ich hatte den Rum immer in meiner Hinterhand. Die Prüfung bestand darin, ihn dort zu lassen.

Mich durch den letzten Karton zu arbeiten war einfach, da ich wusste, dass ich alles behalten würde – außer den beiden Flaschen. Die konnte ich nicht behalten. Die Leere hatte ihren Zweck erfüllt, und ich wollte nicht daran erinnert werden, worin ihr Zweck einmal bestanden hatte. Die volle Flasche musste geleert werden, nur würde ihr Inhalt nicht denselben Weg finden wie die andere. Er ging nicht über meine Lippen, sondern in den Küchenausguss. Als ich die Flasche ausschüttete, nahm ich Abschied von dem vergeudeten Geld, den vergeudeten Träumen und den vergeudeten Gelegenheiten. Vielleicht war es der Gegenentwurf. Vielleicht war es der Anfang von aufgehobenem Geld, bewahrten Träumen und bewahrten Gelegenheiten.

Als ich mit allem durch war, hatte ich 73 Prozent meiner Besitztümer eingepackt und weggegeben. Es reichte aus, um meinen Kia Rio 5 vom Fußraum des Beifahrers zum Kofferraum und bis unters Dach vollzustopfen – und das zweimal. Zwei Fahrten zu den verschiedenen Spendeneinrichtungen, und alle Sachen waren für immer aus meinem Leben verschwunden.

Gleichzeitig hatte ich mir aufgeschrieben, wie viele Sachen ich losgeworden war. Ich überlegte, ob ich aufschreiben sollte, was ich behalten hatte. Jeden einzelnen Gegenstand, der mir gehörte, zu sortieren und in die Hand zu nehmen, würde deutlich machen, wie viel ich besaß, damit ich eine Vorstellung davon bekommen konnte, auf die ich jederzeit zurückgreifen konnte, sollte ich Gefahr laufen, den Shopping-Bann zu brechen. Also beschloss ich, noch einmal alles durchzugehen und Inventur von allen Dingen in meinem Apartment zu machen, damit ich mir klarmachte, wie viel ich bereits hatte, bevor ich rausging, um mehr zu kaufen. Es war eine Sache, zu denken, dass ich noch einen Deo-Stick unter dem Waschbecken hatte, und eine andere, zu wissen, ob da vier waren oder keiner.

Danach verkaufte ich die letzten größeren Gegenstände, mit denen ich etwas Geld machen konnte: eine teure Foto-kamera, die ich nie benutzt hatte, und einen alten Laptop, den ich aufbewahrt hatte »für den Fall der Fälle, dass« mein neuer den Geist aufgeben würde. Ich eröffnete ein extra Sparkonto, auf das ich all das Geld einzahlte, das ich mit dem Verkauf meiner Sachen verdiente, ebenso wie das jeden Monat Gesparte, weil ich keinen Coffee to go mehr kaufte, und nannte es passenderweise »Shopping-Bann«. Ich würde das Geld, das ich auf das Konto einzahlte, das Jahr über an-sparen, oder ich konnte es dazu verwenden, Dinge von der genehmigten Shopping-Liste zu kaufen.

Am Ende des Monats fühlte ich mich so gut – als hätte ich schon viel erreicht. Mein Apartment fühlte sich irgendwie luftiger an. Es gab mehr Raum zum Leben und zum Atmen. Wenn der Rest des Jahres so einfach wie das Entrümpeln und die Säuberungsaktion werden würde, hätte ich kein Problem, das Ziel zu erreichen. Ich wusste jedoch, dass es nicht so sein würde. Eine Gewohnheit und Routine zu än-dern, die du über ein Jahrzehnt lang perfektioniert hast, ist nie einfach. Alles, was ich getan hatte, war, die Weichen zu stellen, die mir helfen sollten, dorthin zu gelangen, wo ich hinwollte. Die eigentlich schwere Arbeit wartete nach der ersten Kurve auf mich. Ich wusste, dass es eine Frage der Zeit war, bis ich dort landen würde. Schließlich war das nicht mein erstes Experiment in Sachen eingeschränkter Konsum.

2

August:
Gewohnheiten ändern

Alkoholabstinenz: *19 Monate*
Gespartes Gehalt: *19 Prozent*
Insgesamt ausgemisteter Besitz: *43 Prozent*

Das erste Mal habe ich mich mit meinem biologischen Vater betrunken. Es war das erste und auch das letzte Mal, dass ich ihn getroffen habe. Ich war erst zwölf.

Ich habe bewusst beschlossen, nicht so viele Saufgeschichten in meinem Blog zu veröffentlichen. Es ging mir nie darum, dass ich mir darüber Sorgen machte, was die Leute von mir denken könnten, aber ich wollte einfach nicht zu einem Quell der Belustigung werden. Der Gedanke, diese Episode zu berichten, hat mir noch nie behagt, vor allem, weil ich auch nicht wollte, dass meine Familie zu einem Quell der Belustigung wurde. Sie ist auch nicht exemplarisch für meine Erziehung. Aber sie ist wahr und brachte mich in einem Alter auf den Alkohol, in dem die meisten Kinder mit Freunden spielen oder im Fußball gewinnen wollen.

Meine Mom und mein biologischer Vater waren nie verheiratet. Ehrlich gesagt, waren sie nicht mal ein Paar. Ein paar Dates führten zu einem positiven Schwangerschaftstest, der das Leben meiner Mutter für immer veränderte. Er wollte damit nichts zu tun haben und floh buchstäblich aus dem Land, indem er noch vor meiner Geburt in die Vereinigten Staaten zog. Sie akzeptierte das und entschied sich dafür, meine Mutter zu sein und dass ich ihre Tochter sein sollte. Ich betone das Wort entscheiden, weil es in meinen Augen eine Entscheidung ist, zu der sie das Recht hatte (obwohl sie immer sagen würde, dass ich ein Geschenk war). Sie entschied sich, dass wir beide eine Familie werden sollten, später entschied sie, dass mein Stiefvater dazukommen sollte. Anmerkung: Ich nenne meinen Stiefvater in diesem Buch meinen Dad, weil er genau das für mich ist.

Rückblickend ist eines der Dinge, für die ich in meiner Kindheit unendlich dankbar bin, dass meine Mom mich nie einem ihrer Partner vorgestellt hat, bis sie meinen Dad kennenlernte. Und selbst dann, nach sieben Jahren, in denen es nur uns beide gegeben hatte, kann ich nicht behaupten, dass ich diesem Vorschlag sehr offen gegenüberstand. In Wahrheit hasste ich es, dass jemand bei uns wohnte und den Platz im Bett meiner Mutter beanspruchte, den ich immer aufsuchte, wenn ich schlecht geträumt hatte. Das war mein Kissen. Meine Decke. Mein Bett. Meine Mom.

Mom und Dad haben sich 1992 kennengelernt, und 1995 waren sie verheiratet und hatten unsere Familie von drei auf fünf vergrößert. Acht Jahre älter als meine Schwester Alli und zehn Jahre älter als mein Bruder Ben zu sein stellte mich vor eine besondere Herausforderung. Unser Dad segelte die Hälfte des Jahres mit der kanadischen Küstenwache die Küste von British Columbia rauf und runter. In dieser Zeit wechselte ich von der Rolle der großen Schwester in die des dritten Elternteils. Ich holte die Kleinen von der Schule ab, brachte sie zum Sport, bereitete das Abendessen zu, wusch Wäsche, half das Haus zu putzen usw. Manche Teenager hätten das vielleicht abgelehnt oder gegen diese Aufgaben rebelliert, aber mich erfüllte diese Rolle mit Stolz.

Als ich zwölf war, nahm mein biologischer Vater Kontakt mit meiner Mutter auf, um ihr mitzuteilen, dass er nach Victoria kam, meiner Heimatstadt und dem Ort, an dem sie sich kennengelernt hatten. Seine Mutter und sein Bruder lebten noch immer hier, er wollte sie besuchen und wissen, ob wir drei zusammen zum Abendessen gehen könnten. Meine Mom fragte mich, was ich dazu meinte. Die Antwort: Ist mir egal. Natürlich war ich neugierig. Was mich betraf, dachte ich immer, dass ich beim Großwerden bei nur einem Elternteil den besten Teil abbekommen hatte. Meine Mutter arbeitete schwer, um uns ein gutes Leben zu ermöglichen, mit ihr und Dad fehlte mir nichts, und ich wusste immer, dass ich geliebt wurde. Trotzdem fragte ich mich, wer diese mystische Person war, die an meiner Entstehung beteiligt war. Wir sagten einem Treffen mit ihm zu.

Meine Erinnerung an diesen Abend ist deutlich, aber auch verschwommen. Deutlich, weil ich immer noch jeden einzelnen Moment vor mir sehen kann, genauso, wie man sich an die Unsicherheit beim ersten Date oder beim ersten Kuss erinnert. Aber auch völlig verschwommen, weil ich nie verstehen werde, was er sich dabei gedacht hat, als er mich in diese Lage brachte.

Die Unterhaltung beim Essen war locker. Wo wohnst du jetzt? Was arbeitest du? Wie geht's deiner Familie? Oberflächliches Zeug. Ich hörte stumm zu, als sie miteinander redeten, über mich redeten und dann mit mir redeten. Ich wusste nicht, was ich sagen sollte – was wohl eine Zwölfjährige sagen würde? Bis jetzt hatte sich mein Leben um Freunde, Bücher, Basketball und Schwärmerei für Jungs gedreht. *Wollte er das wirklich hören?*

Stattdessen schwieg ich und sah ihn an, während sie redeten, und nahm dabei jedes Detail seines Gesichts unter die Lupe und verglich es mit meinem. Er war blond. Ich auch. Mom, Dad, Alli und Ben hatten dunkelbraunes Haar, daher bin ich schon immer aus der Reihe gefallen. *Diesen Teil von mir hat er gemacht,* dachte ich. Wir hatten auch dieselbe Nase. Ich bemerkte auch, dass seine Oberlippe beim Lächeln schmaler wurde, wenn er seinen Kopf zurücklegte und lachte. Ich fand es noch nie schön, dass meine Oberlippe verschwand, wenn ich das tat. Nun wusste ich, wer schuld daran war.

Als wir uns verabschieden wollten, fragte er meine Mom, ob er mich auf ein Eis mit in die Stadt nehmen dürfte. Mein biologischer Vater war freiberuflicher Fotograf und wollte ein paar Fotos von der Stadt machen, die er einmal sein Zuhause genannt hatte. »Sie mal so richtig spüren, yo!« So redete er: Verwendete Wörter wie *vibes* und *groovy* und *man* und *ya!* mit einem teils britischen, teils südafrikanischen Akzent. Ich wusste nicht, wie ich das einordnen sollte, außer dass es für meine jugendlichen Ohren weltgewandt klang. Meine Mom fragte mich, ob ich mitwollte. Ich hätte es peinlich gefunden, Nein zu sagen, also stieg ich in seinen Wagen, und wir fuhren südlich auf der Quadra Street in Richtung Hafen.

Ich hatte damals nicht kapiert, dass er niemals vorhatte, mit mir Eis essen zu gehen. Stattdessen hielten wir, nachdem ich seinem Zetern und Fluchen zuhören musste, weil er in der Stadt keinen Parkplatz fand, beim ältesten Pub am Bastion Square an, und er setzte mich an der Theke ab. Dort bat er den Barmann, auf mich aufzupassen, dann zwinkerte er mir zu, lächelte und verschwand um die Ecke.

Er ließ mich dort gefühlt mehrere Stunden sitzen, vermutlich waren es aber nur so um die 30 Minuten. In dieser Zeit schenkte mir der Barkeeper zwei, wie ich später erfuhr, Frozen-Lime-Margaritas ein. Der erste schmeckte wie ein Slurpee, dem Wassereisgetränk von 7-Eleven. Ich trank ihn schnell, guckte dabei in den Fernseher und hoffte darauf, dass wir, je schneller ich das Glas leerte, desto eher wieder abhauen würden. Als er den zweiten Drink vor mich hinstellte, flimmerte alles ein bisschen, und es fühlte sich von innen warm an. Als mein biologischer Vater dann endlich von seinen alten Kumpels über den Stand der Dinge aufgeklärt worden war, war klar, dass ich betrunken war. »Ein Kaffee mit einem Whisky bringt sie wieder auf die Beine, *man*!«, rief er dem Barkeeper zu. Ich nahm einen Schluck, spuckte ihn langsam zurück in die Tasse und fragte ihn, ob er mich nach Hause bringen könnte.

Diese Autofahrt kann man bis heute als die unangenehmste Situation bezeichnen, in der ich jemals war. 20 Minuten lang fragte er Sachen wie »Wie ist dein Stiefvater eigentlich so?« und »Glaubst du, dass du, ich und deine Mom je eine

Familie sein könnten?«. Ich starrte aus dem Fenster und sah zu, wie Autos und Häuser an uns vorbeisegelten, biss mir auf die Zunge, damit ich nicht losheulte, und betete zu was für einem Gott auch immer da draußen, dass ich bald wieder bei meiner Familie sein dürfte. Plötzlich war das Einzige, woran ich noch denken konnte, dass ich nie ohne Alli und Ben leben wollte. Meine Halbgeschwister. Meine Geschwister.

Meine Mom hatte bestimmt am vorderen Fenster gesessen und auf mich gewartet, da sie, kaum fuhren wir in die Auffahrt, die Haustür öffnete und herauskam. Als ich ausgestiegen war, winkte er ihr zu und brauste in dem alten rostigen weißen Buick, den er von seiner Mutter geliehen hatte, davon. Sie stand oben an der Treppe und schaute hinunter zu mir, als ich ihr auf der Auffahrt entgegenschwankte. Der Glasputz an der Fassade schnitt in meine Hand, als ich mich daran festhielt und langsam jede der zehn Stufen nach oben stieg. Als ich endlich an der Tür ankam, sah ich das Entsetzen in Moms Gesicht. Es war das erste Mal, dass sie mich so ansah, aber es würde nicht das letzte Mal sein. Ich ging ins Haus und hielt mich an den Wänden fest, bis ich mein Zimmer erreichte, mich losließ und aufs Bett plumpste.

Was danach passierte, weiß ich nicht in allen Einzelheiten. Ich erinnere mich nur, dass ich auf meinem Bett lag und hörte, wie meine Mutter in der Küche ins Telefon schrie. Sie rief meinen biologischen Vater an, dann in dem Pub, wo mir Alkohol ausgeschenkt worden war, und drohte, ihn der Polizei zu melden. Der makabre Witz war, dass sein Bruder Polizist in der Station direkt neben der Stadthalle war, in der meine Mom arbeitete. Wie klein die Stadt doch war. Ich hatte diesen Bruder nie kennengelernt, was dann vielleicht auch ein Beweis dafür war, wie groß eine kleine Stadt sein konnte. Aber ich wusste, dass er am nächsten Tag alles erfahren würde. Das hatte sie am Telefon gesagt.

Ich hörte von meinem Bett aus zu und sah zu, wie die Poster mit Jonathan Taylor Thomas an der Wand herumkreiselten, bis ich die Augen schloss und allem entglitt.

Der tragischste Teil der Geschichte ist vielleicht nicht mal, dass sie passiert ist, sondern dass ich sie wie eine Initiation ins Erwachsenendasein noch Jahre mit mir herumschleppte.

In Victoria war das Schulsystem so strukturiert, dass man nur zwei Schulen besuchte: die Grundschule (vom Kindergarten bis zur siebten Klasse) und die Highschool (von der achten bis zur zwölften Klasse). Kurz nach meiner ersten Alkoholerfahrung wurde ich 13 und kam in die Highschool. Dort fand ich neue Freunde, die hauptsächlich aus Mädchen aus der Achten und Jungs aus der Neunten bestanden.

Wie die meisten gehemmten Teenager tauschten wir alle Dramen aus unserer Kindheit aus. Viele meiner neuen Freunde waren Scheidungskinder, und manche hatten Stiefeltern, die sie angeblich hassten. Einige hatten auch Eltern, die viel tranken oder so viel Drogen konsumierten, dass sogar die eigenen Kinder mitkriegten, dass das ungesund war. Aber keiner konsumierte diese Dinge bis jetzt selbst, außer ein paar Jungs, die Zigaretten oder mal eine Bierdose aus dem Kühlschrank klauten. Ich wusste, dass das die Gelegenheit für mich war, mich endlich mal hervorzutun.

Als ich jünger war, gab es nichts, was ich besonders gut konnte. In der sechsten und siebten Klasse war ich im Basketball-Team, spielte aber in jedem Spiel typischerweise nur wenige Minuten mit. Oft wurde ich im Sportunterricht als Letzte für irgendwelche Mannschaften gewählt. Damals sah ich auch nicht wirklich »hübsch« aus, mit zu kurzen Haaren und Extrapfunden an Bauch und Hüften. Nichts an mir schien es wert zu sein, dass man es beachtete. Ich hatte meinen neuen Freunden jedoch eines voraus: Ich war die Erste, die schon einmal betrunken war.

»Den Sommer war ich mit meinem richtigen Vater unterwegs und hab mich total besoffen!« Ich erzählte davon, als wäre es das Highlight gewesen. Dann beschrieb ich detailliert die Drinks, als wäre ich Cocktailexpertin, und sagte schlussendlich: »Wir sollten mal zusammen was trinken!« Und so war ich bei der Gruppe nicht nur »in«, ich war eine ihrer Anführerinnen. Bald tranken wir jedes Wochenende.

Einer der Jungs aus der neunten Klasse hatte einen Freund mit einem älteren Bruder, der für uns freitags Alkohol kaufte. Eine Gruppe von zehn oder fünfzehn von uns trafen sich bei der Zuschauertribüne neben der Schule und warteten auf unsere Speziallieferung. Der Kleinbus tauchte jede Woche zur selben Zeit auf – 18 Uhr in dunklen Winternächten, 20 Uhr im Frühling –, und wir verbrachten die nächsten paar Stunden damit, Zweiliterflaschen mit trockenem Apfel-Cidre zu trinken und auf dem Baseballfeld abzuhängen, als gehöre der Platz uns.

Damals ahnte ich noch nicht, dass ich die nächsten 14 Jahre damit verbringen würde, immer aus den falschen Gründen zu trinken. Ich trank, um mich wie eine coolere Version meines Selbst zu fühlen – jemanden, den man wirklich mag. Ich nutzte Alkohol als Lockerungsmittel für heikle mitmenschliche Situationen, insbesondere Dates und Sex. Und ich trank, um meine Unsicherheit zu betäuben. Aber damals wusste ich das nicht. Alles, was ich wusste, war, dass ich es gut konnte. Ich konnte gut Alkohol organisieren. Ich konnte gut Alkohol trinken. Ich konnte gut mit den Jungs mithalten, und es wurde mir nie schlecht. Ich konnte gut feiern.

Von ein- bis zweimal die Woche trinken in der Highschool ging ich über zu drei oder vier Abenden die Woche trinken in meinen Zwanzigern, die alle mit einem Filmriss endeten. Es gab dabei zwei verschiedene Arten von Filmriss. Einmal waren da die Abende, von denen mir nur eine oder zwei Stunden fehlten. Ich musste meine Freunde fragen, um wie viel Uhr wir die Party verlassen hatten oder was meine Eroberung mir per SMS mitgeteilt hatte. Ich löschte alle Spuren dieser Unterhaltungen, bevor ich zu Bett ging, da ich am nächsten Morgen keine Beweise der lächerlichen Dinge lesen wollte, die ich vielleicht geschrieben hatte. Dieser Filmriss war nicht so schlimm; ein oder zwei Stunden zu verlieren war okay.

Dann gab es die Abende, an denen ich alles nach der ersten oder zweiten Stunde vergaß. Ich schüttete jeden verfügbaren Alkohol runter, als würde man ihn mir klauen. Meine letzte Erinnerung war immer etwas Lustiges, wie auf der Straße auf dem Weg zu einer Party zu singen oder dort anzukommen und alle meine Freunde zu umarmen. Dann wachte ich morgens auf, in der Regel in meinem Bett, aber manchmal auf einer Couch von irgendjemandem mit sechs oder mehr Stunden, die mir fehlten.

Mich widerte diese Art von Filmriss an. Ich verabscheute das Gefühl, überlegen zu müssen, was ich wohl getrunken, gegessen oder getan hatte. Ich verabscheute das mulmige Gefühl in meinem Bauch, weil ich vielleicht (vermutlich) etwas so Dummes gesagt oder getan hatte, dass es eine meiner Freundschaften beeinträchtigen könnte. Es widerte mich an, keinen Schimmer davon zu haben. Und trotzdem trank ich 14 Jahre lang so weiter.

Ich habe irgendwo gelesen, dass Menschen bis zu einem Dutzend Mal versuchen, etwas aufzugeben, bevor sie es schließlich endgültig schaffen. Das traf jedenfalls auf meine Trinkgewohnheiten zu.

Das erste Mal, als ich in Erwägung zog, trocken zu werden, war der Morgen nach der Weihnachts-Abschiedsparty bei einer Freundin. Sie wollte für vier Monate nach Thailand gehen. Wir tranken thailändisches Bier, gewürzten Rum und Eierlikör, um sie dem Anlass entsprechend zu verabschieden – eine ekelhafte Kombi, aber eine, die absolut zu unseren 20-jährigen Egos passte. Zu fünfzehnt oder mehr rutschten wir über den Küchenboden und tanzten in Socken, während die Band ihres Vaters für uns live spielte.

Am nächsten Morgen wachte ich völlig angezogen in meinem Bett auf, ohne eine Erinnerung daran, wie ich dahin gekommen war. Ich brauchte vier Tage und viele Gespräche mit Freunden, um herauszufinden, was passiert war. Offenbar hatte ich ein Taxi gerufen und war dann, während ich auf es wartete, auf dem Gehweg eingeschlafen. Etwas später fanden mich die Eltern meiner Freundin, zogen mich von der Straße und hievten mich hinten in ihren Transporter. Ich muss noch so wach gewesen sein, ihnen die Adresse meines Elternhauses zu nennen, wo sie mich ablieferten und ins Bett legten. Ich erinnerte mich an nichts von alledem. Jeder hätte mich in dieser Nacht von der Straße aufsammeln können.

Am Anfang des neuen Jahrs schrieb ich den Eltern, die mich aufgepickt hatten, eine Karte und dankte ihnen für ihre Hilfe. Ich drückte auch mein tiefes Schuldgefühl und meine Verzweiflung aus, weil ich keine Ahnung davon hatte, was genau passiert war, und schrieb, dass ich nie wieder trinken wollte. »Es ist jetzt drei Wochen her, und ich habe keinen Tropfen getrunken«, schrieb ich trocken. Aber kurz darauf begann ich wieder zu trinken und unternahm die nächsten fünf Jahre keinen weiteren Versuch, damit aufzuhören.

2011 lautete mein Neujahrsvorsatz, ein Jahr lang nichts zu trinken. Ich glaube, es dauerte 23 Tage. Im Februar desselben Jahres reichte ich Urlaub ein und reiste durch das Land, mit dem Vorsatz, mir ein neues Leben aufzubauen. Stattdessen versoff ich alle meine Ersparnisse in nur acht Wochen und gab meine letzten 350 Dollar für den Rückflug nach Victoria aus. Mein Konsumverhalten bescherte mir fast 30.000 Dollar Schulden. An diesem Punkt hätte ich langsamer machen und weniger trinken sollen. Aber jedes Mal, wenn ich mir eine Zehn-Dollar-Flasche Wein leisten konnte, kaufte ich mir eine und trank sie bis auf den letzten Tropfen aus – in der Regel binnen einer Stunde.

Im Sommer 2012 endete eine langjährige Beziehung auf besonders krasse Art. Ich feierte mehr als je zuvor, um zu vergessen. Aber im Lauf des Sommers ahnte ich, dass meine Tage mit Alkohol gezählt waren. Genau wie damals im Jahr 2011, als mir mein Bauchgefühl sagte, dass ich meiner Schmerzgrenze immer näher kam, teilte mir jetzt eine leise Stimme mit, dass ich mir das nicht länger antun konnte. Die Gründe, warum ich so maßlos trank, waren inzwischen so offensichtlich, dass ich nicht länger wegsehen konnte. Ich trank, um mich wie eine coolere Version meines Selbst zu fühlen. Ich nutzte Alkohol als Lockerungsmittel für peinliche soziale Situationen, insbesondere Dates und Sex. Und ich trank, um meinen Schmerz und meine Unsicherheit zu betäuben. Nichts hatte sich seit meiner Jugend geändert.

Ende August desselben Jahres bot man mir eine Vollzeitstelle als Chefredakteurin eines Finanz-Start-ups in Toronto an. Die Chefin hatte meinen Blog gelesen, sie mochte meine Arbeit und sie wusste, dass mir die Stadt gefiel. »Willst du hierherziehen?«, fragte sie. Sie hatte keine Ahnung, dass ich mich verzweifelt nach einem neuen Leben sehnte. Ich nahm ihr Angebot an, kündigte meine Festanstellung beim öffentlichen Dienst, packte meine Sachen in zwei Reisetaschen und saß drei Wochen später im Flugzeug. Meine Ankunft feierte ich mit Ausgehen und Partys mit Freunden. Dann feierten wir ein paar Geburtstage, und an einem Abend feierte ich sogar mit meinen neuen Kollegen. Aber gleichzeitig wurde die Stimme in meinem Kopf immer lauter. Ich wusste genau, was ich tat: Ich tat so, als ob ich ganz glücklich und aufgeregt darüber wäre, in Toronto zu leben, während ich zu überspielen versuchte, wie tief ich immer noch durch das Ende einer der wichtigsten Beziehungen in meinem jungen Erwachsenenleben verletzt war. Ich wollte den Schmerz nicht fühlen, aber selbst Alkohol konnte nicht mehr verhindern, dass es wehtat.

Das Verletztheitsgefühl war stärker als alles andere in meinem Leben und machte auch alle guten Gewohnheiten zunichte. Ich gab wieder mehr Geld aus und ernährte mich ungesund. Ich konnte mich auch nicht daran erinnern, wann ich das letzte Mal beim Laufen oder im Fitnessstudio war. Als der Sommer in den Herbst überging, wusste ich: Es wird sich nur etwas ändern, wenn ich ein für alle Mal mit dem Trinken aufhöre. Dieses Mal schrieb ich sogar in einem Post auf meinem Blog darüber, ich nannte ihn »Schluss mit Ausreden (mal wieder)«. Ich hoffte, wenn ich darüber schrieb und auf den »Veröffentlichen«-Button drückte, würde mich das dazu zwingen, endlich konsequent zu sein. Es hatte funktioniert, als ich fertig war und mich für ein gesundes Leben entschied, also würde es mir auch helfen, mit dem Trinken aufzuhören, oder?

45 Tage später trank ich zwei Bier bei einem Konzert und ging auf sechswöchige Sauftour. Dazu gehörte: ein kompletter Filmriss während der meisten Zeit meiner ersten New-York-Reise; mich in verschiedenen unangenehmen Situationen mit Männern wiederzufinden; einen 450 Dollar teuren Wasserhahn in einer Bar zu schrotten und dass ich eines Morgens ohne meine Jeans aufwachte und feststellen musste, dass ich stattdessen in einem Kleid nach Hause gekommen war.

Ich versuchte viele Male, mit dem Trinken aufzuhören, aber ich schaffte es nicht, bis ich wirklich fertig war. Dieser Tag kam schließlich im Alter von 27 Jahren. Nachdem ich wieder einmal mit Filmriss aufgewacht war, mich wieder nur an Bruchstücke von wieder einer problematischen Situation in der vorigen Nacht erinnerte, wusste ich, dass ich am Ende war. Die Situation war nicht problematischer als die anderen vorher, aber ich war an dem Punkt angelangt, dass es die letzte dieser Art gewesen sein sollte. Ich konnte aufwachen und soundso viele Male sagen: »So kann das nicht weitergehen«, jetzt war ich am Ende der Fahnenstange.

Das Schlimmste beim Verzicht auf Alkohol war nicht, dass ich ihn nicht trinken durfte – schlimmer war, nicht trinken zu können, wenn es galt, peinliche Situationen in Gesellschaft zu überstehen, wenn ich mich unsicher oder ausgeschlossen fühlte, was oft vorkam. Es waren die Momente, wenn ein Gefühl, das mir schon immer zuwider war und das ich normalerweise mit Alkohol abtötete, nicht mehr verdrängt werden konnte. Die blöden Wochen bei der Arbeit, die ich nur nach einer oder zwei Flaschen Wein vergessen konnte. Die abweisende Haltung der Männer, die sich mit ein paar Freundinnen mit vier Riesenkrügen Cidre und sechs Shots von irgendeinem Billigsprit an der Bar aufwärmten. Ich konnte es sowieso nicht mehr ertränken. Ich musste das Unangenehme spüren, nach einem Drink gieren, es dann verdrängen und einen neuen Weg finden, um mit der Situation klarzukommen.

Nicht einmal zwei Jahre später, gerade mal einen Monat, nachdem ich mir das Shopping-Verbot auferlegt hatte, erkannte ich die Ähnlichkeiten zwischen der Aufgabe von Alkohol und den Verzicht auf Coffee to go. Auch wenn es harmlos schien, auf mein Lieblingsgetränk, manchmal zweimal täglich Latte, zu verzichten, fühlte sich so an, wie meine Abendration Wein aufzugeben. Ich hätte nie gedacht, dass ich Kaffee so sehr vermissen würde.

An Morgen, an denen ich so müde war, dass ich kaum meine Augen aufbekam, dachte ich zuerst an Latte. Sich anziehen, die Treppe hinuntergehen und in den Coffeeshop unten im Haus, schien irgendwie einfacher, als in meiner Küche Kaffee zu kochen. Am späten Vormittag, wenn ich eine Pause machen wollte, dachte ich wieder daran. Die Stimme in meinem Kopf sagte mir, dass ich es verdient hatte. Und ich dachte daran, bevor ich Erledigungen machte oder ins Auto stieg. Mir war nicht klar gewesen, wie viele meiner Gewohnheiten sich um Coffee to go drehten, bis ich keinen mehr kaufen durfte. Jedes Mal, wenn mir danach war, musste ich kurz innehalten, beobachten, was das Verlangen ausgelöst hatte, und meine Reaktion ändern.

Den Coffee to go aufzugeben war offensichtlich viel einfacher als der Verzicht auf die Sauftouren. Alles andere wäre gelogen. Wenn ich morgens Verlangen nach einem Latte hatte, musste ich nur in meine Küche gehen und die Espressokanne befüllen. Manchmal gönnte ich mir eine Flasche Haselnusssirup und probierte es mit selbst gemachtem Latte-Ersatz. Und bevor ich für längere Fahrten in mein Auto stieg, machte ich meine Wasserflasche und meinen Thermokaffeebecher voll und nahm sie mit. Nachdem ich das oft genug gemacht hatte, wurde es zu einer neuen Gewohnheit. Ab Mitte August fühlte ich mich mit den erreichten Veränderungen wohl.

Als ich versuchte, trocken zu werden, war das nicht immer so – wie auch bei meinem Shopping-Bann –, nicht einmal jetzt. Jahrelang hatte ich gedacht, dass ich Alkohol bräuchte, um mein Leben angenehmer zu machen, ebenso wie ich davon überzeugt war, dass Shoppen mein Leben besser machte. Ich dachte nicht täglich ans Shoppen. Ich dachte nicht einmal jede Woche ans Shoppen. Aber ganz plötzlich merkte ich, wie ich etwas wollte, was ich ein paar Sekunden zuvor noch nicht gewollt hatte.

Ich hörte von einem guten Buch, und schon war ich auf der Website eines Buchhändlers. Oder ich ging in ein Kaufhaus, um eine neue Mascara zu kaufen, und entdeckte neue Lidschattenpaletten, die in mir das Gefühl auslösten, dass ich vielleicht nicht die richtige Farbe trug und etwas Neues ausprobieren sollte. Ich hatte keine Ahnung von BB-Cream (und weiß es immer noch nicht genau), aber jeder Werbespot suggerierte mir, dass sie meinen Teint perfekt machen würde, also glaubte ich, dass ich sie brauchte. Dann bemerkte ich, dass der Schal neben dem Kapuzenshirt, das ich kaufen wollte (von der genehmigten Shopping-Liste), genau mein Stil war. Vielleicht brauchte ich den auch! Natürlich brauchte ich nichts davon und kaufte es auch nicht.

Wenn man sich nichts Neues kaufen darf, ist es nicht die größte Hürde, sich nichts Neues kaufen zu dürfen – es ging vielmehr darum, Auslöser körperlich auszubremsen und mein Reaktionsmuster darauf zu ändern. Es fühlte sich immer so an, als wäre der Moment, in dem ich den Shopping-Bann vergaß, derselbe wie der, in dem ich shoppen wollte. Es war wie ein Ex, von dem ich nicht loskam.

In diesen Augenblicken versuchte ich, mich auf mein Umfeld zu konzentrieren und herauszufinden, warum ich etwas kaufen wollte. Manchmal lag es daran, dass sich meine Finger in unmittelbarer Nähe einer Computertastatur befanden, das heißt, eine Shopping-Website online zu öffnen war ein Kinderspiel. Ein anderes Mal lag es daran, dass die Deko oder der Duft in einem Geschäft mich zu Lustkäufen animierte, häufiger war es jedoch einfach so: es ging darum, das zu tun, was ich immer getan hatte. Früher kaufte ich es, wann immer ich etwas wollte – ohne den Sinn zu hinterfragen –, und ignorierte dabei mein Budget und Sparziele. Um diese Impulse zu unterdrücken, versuchte ich mich immer daran zu erinnern, wie viel Zeug ich losgeworden war und wie viel ich immer noch zu Hause hatte. Es war genug. Ich hatte genug.

Erst in diesen Situationen begriff ich, dass das Einhalten des Shopping-Banns schwieriger werden würde, als ich gedacht hatte. Hier ging es um mehr, als nur um kein Geld ausgeben – ich würde Gewohnheiten und Routinen ändern müssen, die ich jahrelang perfektioniert hatte.

Studien, in denen es darum geht, wie lange es dauert, Gewohnheiten zu ändern, geben verschiedene Antworten. Manche sagen, es sei in 21 Tagen möglich, andere sprechen von 66 Tagen oder sogar 12 Wochen. Nach fast zwei Monaten Shopping-Bann bemerkte ich noch immer ständig die Auslöser, die in mir den Wunsch nach Shoppen weckten. Ich überwand sie, gleichzeitig versuchte ich zu verstehen, wieso es sie überhaupt gab. Es hat mich nicht überrascht und tut es bis heute nicht. Sie können jeden Abhängigen fragen, wie lange es gedauert hat, bis er nicht mehr das Gefühl hatte, dass nur seine Lieblingsdroge (ob Alkohol, Drogen, Essen oder etwas anderes) ihm durch jede Situation helfen würde, und ich kann Ihnen garantieren, dass niemand von 21 Tagen sprechen wird.

Ende August hielt ich den Shopping-Bann schon 56 Tage durch, doch meine guten Absichten waren noch immer überlagert von schlechten Kaufgewohnheiten. Ich hatte die meisten meiner täglichen Gewohnheiten identifiziert, fand dabei aber heraus, dass meine Shopping-Gewohnheiten sehr viel emotionaler waren, als ich gedacht hatte.

3

September:
Schluss mit der
Shopping-Therapie

Alkoholabstinenz: *20 Monate*
Gespartes Gehalt: *12 Prozent (den ganzen Monat gereist)*
Vertrauen darin, das Projekt erfolgreich abzuschließen:
60 Prozent

Als Shopaholic stellt man sich gerne eine Frau in High Heels, beladen mit Einkaufstaschen voller Klamotten, Schuhen und Kosmetikartikeln vor. So habe ich es mir jedenfalls immer vorgestellt, vermutlich, weil man es aus den Medien und einschlägigen Beiträgen so kannte. Es gibt Bücher über Shopaholics. Ganze Buchreihen über Shopaholics. Filme über Shopaholics. Und auf dem Cover ist immer dasselbe: eine Frau, beladen mit Einkaufstaschen voller Klamotten, Schuhen und Kosmetikartikeln.

Deshalb habe ich mich nie mit diesem Begriff identifiziert. Außer für mein Auto, das ich finanziert hatte, bestanden die meisten meiner früher angehäuften Schulden in Restaurantbesuchen und Party machen. Ich pflegte einen Lebensstil, den ich mir nicht leisten konnte, den mir aber meine Kreditkarten ermöglichten. Nicht alles resultierte aus meinen Shopping-Gewohnheiten. Gelegentlich zog ich mit Freundinnen durch Einkaufszentren, auch wenn darin nicht mein üblicher Zeitvertreib bestand. Ich gab unüberlegt Geld aus, kaufte Bücher, die ich nicht unbedingt brauchte, ging in ein Geschäft, um zwei Dinge zu besorgen und schließlich mit fünf wieder herauszukommen. Aber ich trug weder High Heels, noch brachte ich tütenweise Kosmetikartikel nach Hause. Also war ich kein Shopaholic – oder?

Es ist einfach, ein Klischee zu betrachten, mit dem Finger darauf zu zeigen und zu sagen: »So sehe ich nicht aus, das heißt: Ich bin nicht so.« Damit fühlen wir uns irgendwie besser, obwohl wir gerade alle anderen Personen, die sich hierunter einordnen lassen, beleidigt haben. Vielleicht war ich kein richtiger Shopaholic, aber zweifellos war ich eine zwanghafte Konsumentin.

Ich war eine Konsumentin mit zwanghaftem Konsumverhalten auf allen Ebenen, einschließlich Essen und Alkohol. Ich war noch nicht einmal in der Lage, mich vom stundenlangen Koma-Glotzen vor dem Fernseher loszueisen, womit ich meine gesamte Freizeit in meinen Zwanzigern verschwendete – wenn ich nicht gerade unterwegs war, um

mich zu betrinken. Ich betrachtete mich nicht als Alkoho-
likerin, obwohl ein Arzt das wahrscheinlich zu bestimmten
Zeiten in meinem Leben bei mir diagnostiziert hätte. Ich log
hinsichtlich der Anzahl meiner Drinks, spielte meine Ausgaben herunter und log bezüglich der Preise, die ich bezahlt
hatte – immer bar, niemals mit Karte, da »ich es mir leisten
konnte«. Was mein Shopping-Verhalten anbelangte, erzählte ich allen dieselben Lügen und schob dieselben Ausreden
vor.

Gelegentlich tappte ich auch in Trost-Shopping-Fallen
und kaufte dann Dinge, um mich besser zu fühlen. Trinken war meine übliche Zuflucht. Aber wenn etwas richtig
Schlimmes passierte – etwas, das mir den Boden unter den
Füßen wegzog, sodass ich auf den Knien landete und nur
unter Mühen wieder hochkam –, war das immer ein Anlass,
meine Finanzen durch Einkäufe zu belasten, die ich mir eigentlich nicht leisten konnte. Für mich waren diese wirklich
schlimmen Dinge in der Regel Trennungen.

Ein paar Wochen vor der Entscheidung für einen Shopping-
Bann war ich dabei, jemanden zu daten. Andrew und ich
hatten uns kennengelernt, als ich im Juni in Toronto war.
Ich arbeitete immer noch für das Finanz-Start-up, für das ich
meinen Job beim öffentlichen Dienst im Jahr 2012 aufgegeben hatte. Inzwischen arbeitete ich ortsungebunden und
reiste oft nach Toronto. Er war Buchhalter. Wir fanden beide
Zahlen und Tabellen spannend, kamen schnell gut miteinander aus und brachten uns gegenseitig zum Lachen. Obwohl Tausende von Meilen zwischen uns lagen, hatten wir

sofort eine Verbindung, von der wir dachten, es wäre wert, sie zu vertiefen.

Unsere Honeymoon-Phase war so großartig, wie es der Name vermuten lässt. Da Andrew in einer anderen Zeitzone lebte, drei Stunden voraus, wurde ich jeden Morgen mit einer liebevollen SMS aufgeweckt, die mit einem Herz oder einem Kuss endete. Wir konnten stundenlang bis spät in die Nacht telefonieren, verabredeten uns per Skype zum Essen und sahen uns gleichzeitig dieselben Schwarz-Weiß-Filme an. Nach nur einem Monat fragte er mich, ob ich lieber mit jemand anderem zusammen sein wolle oder ob es was Festes wäre. Ich schwebte vor Glück. Wenn er jetzt vor mir gestanden wäre, hätte er mich in meiner Vorstellung hochgehoben und dreimal herumgewirbelt, und ein romantischer Filmkuss in Schwarz-Weiß hätte unser Versprechen besiegelt.

Außer, dass er sehr süß war, mochte ich an Andrew vor allem, dass er keine Scheu vor unangenehmen Fragen und anstrengenden Gesprächen hatte – über Themen, die viele Menschen vermeiden würden, vor allem zu Beginn einer Beziehung. Wir sprachen über unsere Gehälter und Nettoeinkommen. Wir sprachen über unseren Glauben, religiöser wie politischer Natur. Wir hatten zahlreiche Diskussionen über mein Trockensein und was es für mich bedeutete. Er trank in Gesellschaft, was, wie ich lernte, wahrscheinlich auf alle meine Partner zutraf. Wir sprachen auch ausführlich über unsere vergangenen Beziehungen, diskutierten darüber, ab wann es angefangen hatte schiefzulaufen, und warum sie schließlich endeten.

Andrew hat immer offen über seine Scheidung gesprochen. Er und seine Exfrau waren über zehn Jahre zusammen gewesen und hatten dann geheiratet, weil dies als der nächste logische Schritt schien. Es ging jedoch nicht gut, und schließlich betrog sie ihn. Er hätte ihr die Schuld an allem zuschieben können. Das hätte fast jeder getan. Ich hätte es an seiner Stelle wahrscheinlich gemacht. Stattdessen sprach er über seine Rolle in dem Prozess – wie er die Beziehung für selbstverständlich angesehen und bei jedem Konflikt dichtgemacht hatte. Daraus hatte er gelernt, dass Beteuerungen nur aus Worten bestanden und dass es bei einer Beziehung auf das Verhalten ankam. Bei unseren Gesprächen sorgte seine Offenheit bei mir für Aha-Erlebnisse – nicht wegen dem, was er über mich sagte, sondern weil seine Geschichten mich an meine eigenen denken ließen. Ich dachte an meine letzte ernsthafte Beziehung und an Dinge, die ich verdrängt hatte. Bilder von meinem Ex, Chris, wie er mich aufs Bett schob und ein Kissen auf mein Gesicht legte, während er mich anschrie. Oder wie er mich gegen die Wand drückte, wenn ich versuchte abzuhauen. Mir den Schlüssel wegnahm und mich aus der Wohnung ausschloss, sodass ich nicht wieder reinkonnte. Zum ersten Mal seit Jahren erinnerte ich mich an meine Reaktionen darauf. Das war nicht schön und ich nicht perfekt. Ich hatte all diese Erinnerungen in eine Schachtel gesteckt – und diese in der hintersten Ecke meines Gedächtnisses vergraben, versteckt hinter Erinnerungen an all die positiven Dinge, die nach unserer Trennung passiert waren: endlich wieder studieren, einen Abschluss in Kommunikationswissenschaften machen, einen Job in einem anderen Teil des Landes finden, meine Schulden zurückzahlen, meine Gesundheit in den Griff kriegen, mit dem Trinken aufhören usw. Meine Gespräche mit

Andrew halfen mir, die Wahrheit zu erkennen. Dass Chris nicht der Alleinschuldige an unserer Trennung war. Auch ich hatte mich in dieser Beziehung zur schlechtesten Version meines Selbst entwickelt.

Immer wenn ich solch eine Entdeckung machte, fühlte es sich an, als hielte mir Andrew einen Spiegel vor. Durch unsere Gespräche half er mir, Dinge über mich zu lernen, die vermutlich für alle um mich herum allzu offensichtlich waren, die ich selbst aber nie bemerkt hatte. Ich erkannte, dass ich genau wie er dazu neigte, bei einem Konflikt dichtzumachen. Auch vertrat ich meine Interessen und meine Meinung nicht energisch genug. Ich nahm das, was mir an Liebe gegeben wurde, und war überzeugt, dass ich das bekam, was mir zustand. Als meine Beziehung mit Chris endete, redete ich mir ein, dass ich mein Singledasein bewusst gewählt hatte, damit ich mich auf mich und meine Arbeit konzentrieren konnte. Aber wenn dir jemand den Spiegel vorhält, bist du gezwungen, der Wahrheit ins Gesicht zu blicken: Ich hatte den Wunsch aufgegeben, mit jemandem zusammen zu sein, da ich Angst davor hatte, alles noch einmal erleben zu müssen. Ich verabredete mich mit Freunden, hatte aber einen so hohen Schutzwall um mich errichtet, dass sich ein Typ noch nicht einmal mit mir verabreden konnte. Ein Date kam einfach nicht infrage. Ich kam nicht infrage.

Andrew erfuhr genauso wie ich all diese Dinge über mich, und es schien ihn nicht in die Flucht zu jagen. Im Gegenteil, inmitten unserer tiefschürfenden Gespräche schmiedete er Pläne. Wir schmiedeten Pläne. Richtige Pläne. Wir checkten unsere Termine, wann wir uns in den nächsten sechs Monaten besuchen konnten (eine Reise alle sechs Wochen), und

besprachen, wie wir die Kosten unserer Fernbeziehung auf-
teilten. Der, der flog, würde das Ticket zahlen, der Gastgeber
alles andere. Ich vermisste ihn jeden Tag und fühlte keine
Zweifel. Es fühlte sich wirklich so an, als könnte daraus etwas werden.

Ich flog über das Labor-Day-Wochenende zu ihm, und
wir hatten sofort eine solche Selbstverständlichkeit miteinander, die jeden Außenstehenden davon überzeugt hätte,
dass wir bereits seit Jahren zusammen waren. Wir werkelten
zusammen in der Küche; er kochte, und ich räumte auf. Im
Supermarkt erinnerte ich ihn an all die Dinge, die wir noch
brauchten und die er vergessen hatte, auf den Einkaufszettel
zu schreiben. Wir hielten Händchen oder streichelten uns
gegenseitig den Rücken, wann immer wir nebeneinander-
standen. Sogar wenn wir auf der Couch, zusammen kuschel-
ten, erinnerte das an zwei Puzzleteile, die sich endlich gefunden hatten. Alles schien perfekt – *es könnte wirklich etwas
werden*, dachte ich –, bis zum Abend vor meiner Abreise.

Andrew war ungewöhnlich schweigsam. Er legte sich wie
üblich auf die Couch, mit dem Kopf auf meinem Schoß, die
Arme um mich gelegt. Aber als wir einen Film schauten, sagte er nichts, nichts, als der Film zu Ende war, und nichts,
als wir ins Bett gingen. An diesem Abend hatten wir keinen Sex. Wir lagen nicht in Löffelchenstellung zusammen,
er zog mich nicht einmal zu sich, wie sonst in den Nächten
zuvor. Stattdessen rollte er sich, auf seine Bettseite mit dem
Rücken zu mir. Das war seine Mauer. Er hatte seine Mauer errichtet. Sobald ein Konflikt in der Luft lag, wollte er sich offensichtlich nicht nähern, er hatte dichtgemacht, und nun
war da eine Mauer zwischen uns. Ich lag auf dem Rücken,

starrte zur Decke und überlegte, was ich sagen konnte, um die Mauer einzureißen. *Sollte ich fragen, ob alles okay sei? Sollte ich nichts sagen und mich neben ihm zusammenrollen? Sollte ich mich ihm annähern und es mit Sex als Hilfsmittel versuchen?* Ich beschloss, dass die zweite Option für den Anfang gar nicht schlecht wäre, aber bevor ich mich auch nur bewegen oder etwas sagen konnte, schnarchte er los. Ich hatte meine Gelegenheit zum Mauer einreißen verpasst. Und so rollte ich mich zu einer Kugel zusammen, mit dem Rücken zu ihm, und weinte leise. Bis zu diesem Moment wusste ich nicht, wie einsam es sich anfühlte, wenn man mit jemandem ein Bett teilte.

Bei unserer Fahrt zum Flughafen am nächsten Morgen wusste ich, dass es vorbei war. Ich wusste nicht warum und nicht, was passiert war, aber ich wusste, dass es das Ende war. Wir sahen nicht aus wie zwei, die gerade eine gemeinsame Woche verbracht hatten. Stattdessen waren wir verkrampft, und unsere Unterhaltung klang mehr wie die von zwei Arbeitskollegen beim Small Talk nach einem Meeting.

»Hat es dir gefallen?«, fragte er.

»Ja, es war schön, hier zu sein.«

Ich biss mir auf die Zunge, als ich spürte, wie mir Tränen in die Augen stiegen. Ich wollte ihn so vieles fragen, aber ich hatte eine Höllenangst vor den Antworten. Der Gedanke, einen neuen Herzschmerz verkraften zu müssen, war verletzend genug. Er wusste es. Ich hatte meinen Schutzwall für ihn eingerissen, und er wusste es. Ich war nicht bereit, noch einmal verletzt zu werden. Also machte ich dicht. Das war nicht sehr erwachsen, aber so war es. Ich zog meine eigene Mauer hoch und schwieg.

Als wir am Flughafen ankamen, ließ er seinen Sicherheitsgurt geschlossen und stieg nicht aus, um mich zu umarmen. Stattdessen lehnte er sich zu mir herüber und gab mir einen Kuss. Ich fühlte mich bedrängt und wünschte mir reflexartig, es wäre nicht passiert. Dann nahm ich meine Taschen, sagte Tschüs und wusste, dass es wohl das letzte Mal war, dass wir uns gesehen hatten.

Im Lauf der nächsten paar Wochen schickten wir uns SMS, aber es war nicht dasselbe. Ich wachte jeden Morgen auf und hoffte auf eine seiner liebevollen Nachrichten mit einem Kuss, aber sie kamen nicht mehr. Ich fragte immer nach seinem Tag, seiner Arbeit, seiner Familie und seinen Freunden. Seine Antworten fielen knapp aus, was oft mehr wehtat, als gar nichts von ihm zu hören. Ich hatte jedoch immer noch zu viel Angst zu fragen, was nicht stimmte. Ich war nicht bereit, die Antwort darauf zu hören, also stellte ich die Frage nicht. Das Einzige, das mir half zu vergessen, wie einsam es sich anfühlte, in einer quasi nichtexistenten SMS-Beziehung zu leben, waren meine bevorstehenden Reisen.

Von Andrew aus flog ich nach Kingston, Ontario, zur Hochzeit meiner Chefin. Direkt danach flog ich nach Vancouver, setzte mich in mein Auto und holte meine Freundin Kasey für ein Mädels-Wochenende ab. Wir fuhren den I-5 runter nach Portland, Oregon, wo wir drei Tage mit Kaffeetrinken und Essen verbrachten und in Restaurants gingen, als stünden sie alle auf unserer Bucket-Liste. Kaffee in Stumptown, Brunch bei Tasty 'n Alder, Dinner bei Pok Pok und Eisessen bei Salt & Straw. Hätte unser Ableben tatsächlich an diesem Wochenende stattgefunden, dann doch mit wohlgefüllten Mägen und einem Lächeln im

Gesicht. Außerdem wäre ich mit dem Handy in der Hand gestorben, da ich ständig draufschauen musste, weil ich wissen wollte, ob Andrew wohl jemals wieder eine seiner SMS schicken würde. Ich hasste die Situation. Hasste, dass ich zu einem Mädel geworden war, das herumhockte und auf einen Typen wartete. Aber ich wartete und wartete und checkte mein Handy nach seinen Nachrichten, die nie eintrafen.

Zwei Tage nach Kaseys und meiner Rückkehr aus Portland fuhr ich zum Flughafen und flog mit drei Fliegern nach New Orleans zu einer Konferenz. Der Fluch des Lebens an der kanadischen Westküste besteht darin, dass man immer mehrere Flüge nehmen muss, um irgendwohin zu kommen. Ich schickte Andrew eine Nachricht, dass ich gut gelandet sei – worum er mich immer bat, wenn ich unterwegs war – und, dass wir uns wieder in derselben Zeitzone befänden. Seine Antworten schienen zugewandter – unsere Konversationen dauerten länger. Ich fragte schließlich, ob wir telefonieren könnten, und er stimmte zu. Aber die warmherzige Begrüßung dauerte nur wenige Minuten an, bis er wieder unterkühlt klang und ich genug hatte. Verdammte Mauern, die wir errichtet hatten. »Was ist nur mit uns los?«, fragte ich. »Warum bist du so reserviert?« In wenigen knappen Sätzen sagte er, was mir schon klar war, bevor wir uns am Flughafen verabschiedet hatten: Er wollte keine ernsthafte Beziehung. Obwohl ich seit Wochen wusste, was mir drohte, wurde es ausgesprochen zur Realität, und ich war am Boden zerstört. Ich verbrachte die ersten 24 Stunden meines Aufenthalts in New Orleans in meinem Hotelzimmer, zusammengekauert unter der Bettdecke.

Als ich schließlich aufstand, war ich froh, in einer neuen Stadt mit guten Freunden von überallher zu sein. Zwischen den Konferenzen und den Workshops liefen wir durch das French Quarter bis zum Louis Armstrong Park. Am Morgen hinterließen wir auf der Terrasse des Café du Monde, nachdem wir Kaffee getrunken und zu viele Beignets gegessen hatten, dicke Puderzuckerringe auf den Tischen. Wir aßen Muffulettas vom Central Grocery & Deli zu Mittag und Jambalaya und Po'boys zum Abendessen. Und natürlich gab es Jazz – sehr viel Jazz – am Abend auf der Bourbon Street. Trotzdem, so dankbar ich auch war, mit Freunden in New Orleans zu sein, sah es so aus, als könnte ich mich nicht lange genug ablenken, um den Schmerz nicht mehr zu spüren. Ständig wollte ich etwas tun. Irgendetwas tun, das meinen Tag schöner machen würde oder mir die Last erleichterte, die ich mit mir herumschleppte. Ich stellte fest, dass das »irgendetwas«, das mir in den Sinn kam, oft etwas war, das ich kaufen konnte. Das passiert, wenn etwas wehtut. Du versuchst, den Schmerz zu überdecken und jedes andere Problem in deinem Leben auch zu lösen – sogar Dinge, die eigentlich keine Probleme sind.

Ich begann mit einem Terminplaner. Ich hatte seit Jahren keinen mehr benutzt. Jedes Mal kaufte ich einen mit den besten Vorsätzen, benutzte ihn die ersten drei Januarwochen und vergaß ihn dann bis Mai. An dem Punkt nahm ich ihn in die Hand und dachte, okay, das war Geldverschwendung, jetzt nach fast einem halben Jahr brauche ich auch nicht mehr anzufangen, und warf ihn weg. Als Erwachsene hatte ich immer diese Beziehung zu Terminplanern. Aber nun, als ich aus New Orleans zurück war und mir einen Neubeginn wünschte, brauchte ich einen. Ich brauchte wirklich einen. Und hier war der perfekte Planer! Der Platz war genau ausreichend, um meine privaten und meine Jobaufgaben aufzuschreiben und auch Zitate, die mir halfen, mich zu motivieren. Ganz hinten gab es Leerseiten, auf denen ich notieren konnte, welche Bücher ich gelesen hatte. Es war ein 18-Monate-Planer, mit dem ich jetzt beginnen und den ich bis Ende 2015 verwenden konnte. Einfach perfekt. Er war so, als wäre er für mich gemacht.

Dann fiel mir auf, wie schlecht es um meine Klamotten bestellt war. Alles war irgendwie alt und schäbig. Also fühlte auch ich mich alt und schäbig. Die Frauen, die mir in meinem Umfeld oder im Supermarkt begegneten, sahen so viel stylisher aus. Sie sahen glücklich aus. Ich sah alt und schäbig aus. Ich jettete durch Onlinestores auf der Suche nach irgendetwas, in dem ich stylisher aussehen würde. Ich fand Blusen, die erwachsener wirkten, und Hosen, die keine Jeans waren, da alles, was ich jemals anzog, aus Jeans bestand. Wie unprofessionell war das denn? *Ich sollte langsam auch Kleider tragen*, dachte ich. Ich habe Kleider immer verabscheut, aber die Frauen, die sie anhatten, sahen so süß aus, und das Outfit war so einfach zu kombinieren. *Oh, hier ist ein Kleid im Empirestil, das super an mir aussehen würde. Vielleicht sollte ich es in zwei Farben kaufen.*

Außer dem Planer und den Klamotten hatte ich ständig Lust darauf, Bücher zu kaufen. Da war auch noch ein getöpferter Kaffeebecher, und ich stellte mir vor, wie ich jeden Morgen daraus Kaffee trank; und ein Teppich, von dem ich dachte, dass meine Füße in der Küche durch ihn gewärmt würden; und ein Kochmesser, weil ich nicht ein einziges scharfes Messer im Haus hatte, und wie konnte ich weiter ohne Messer Essen machen? Das größte anstehende Problem war die Erneuerung meines Handys. Es war alt und langsam und schaltete sich manchmal von selbst aus, was mich immer unnötig sauer machte. Ich brauchte es. Ein neues Handy würde mir den täglichen Ärger ersparen und mein Leben so viel besser machen. Ich hatte es verdient, dass mein Leben so viel besser würde. Erst als ich das neue Handy in den Warenkorb auf der Website meines Mobilfunkanbieters legte und die Gesamtsumme sah, wurde mir klar, was gerade passierte. Wenn ich auf den Kaufen-Button drückte, würde ich den Shopping-Bann brechen. Da dieser bedrohlich über mir schwebte, hielt er mich nicht nur davon ab, Hunderte und Tausende von Dollar auszugeben, es zwang mich auch dazu, zu stoppen und mein Tun zu hinterfragen. Das hatte ich nie zuvor getan – vor allem nicht im Lauf einer Trennung.

In diesem Monat kaufte ich nichts von alledem, was ich kaufen wollte. Ich leerte die Warenkörbe, schloss die Tabs in meinem Browser und kaufte rein gar nichts. Mein früheres Ich hätte und hatte es getan.

Es war auf den Tag fast genau sechs Jahre her, dass Chris und ich uns getrennt hatten. Unsere Beziehung konnte man mit ein paar einfachen Worten beschreiben: turbulent, tumultartig, toxisch. Wir waren beide Süchtige, die Alkohol, Drogen und uns gegenseitig missbrauchten – emotional, verbal und physisch. Es hat lange gedauert, bis wir erkannten, wie schlimm es wirklich um uns stand, da zwischen all dem

Missbrauch viele Gefühle und Versprechungen lagen. Wir konnten wochenlang auf unser beider Unsicherheiten herumhacken, streiten, dass sich die Balken bogen, um dann um Verzeihung zu bitten und uns unserer tiefen und zärtlichen Liebe füreinander zu versichern. Ich wusste, dass es nicht gesund war und dass es nicht ewig dauern konnte. Aber jedes Mal, wenn ich daran dachte, Chris zu verlassen, bat er um Verzeihung. Er gelobte Besserung, zählte alles auf, wie er mich unterstützen würde, und versprach, alles zu tun, damit es gut lief. Ich weiß nicht, ob ich ihm jemals wirklich geglaubt habe, aber ich wollte es. Ich dachte an diese besondere gemeinsame Sprache, unsere Pläne und die immer vorhandene körperliche Chemie zwischen uns, ganz egal, wie schlecht es lief. Ich wollte glauben, dass er dabei helfen würde, dass es lief, und so verzieh ich ihm. Drehte ich den Spieß um, verzieh er mir. Wir verziehen uns gegenseitig. Ein paar Wochen später hatten wir den nächsten Streit. Ich dachte wieder daran, ihn zu verlassen, und alles ging wieder von vorne los.

Genauso, wie ich ein Dutzend oder mehr Anläufe gebraucht hatte, um mit dem Trinken aufzuhören, brauchte ich mindestens ebenso viele Anläufe, um mich aus dieser Beziehung zu lösen. Als Chris und ich uns schließlich trennten, suchte ich mir eine Wohnung, in der ich zum ersten Mal alleine leben würde. Seit ich mit 18 Jahren von Zuhause ausgezogen war, hatte ich immer einen Mitbewohner oder wohnte mit meinem Partner zusammen. Ich hatte mein Apartment auch immer eingerichtet mit gebrauchten, oft kostenlosen Möbeln und anderen Haushaltsgegenständen, die ich von Familienmitgliedern und Freunden geschenkt bekommen hatte. Dank meiner Zwanghaftigkeit, die dafür sorgte, dass ich alles immer ordentlich und hübsch und sauber hielt, war mir nie wichtig, wie Dinge aussahen, wo sie herkamen und ob irgendetwas zusammenpasste. Dieses Mal war es anders.

Bisher war ich aus den unterschiedlichsten Gründen umgezogen. Um von meinen Eltern unabhängig zu werden. Um Miete zu sparen. Um einen Mitbewohner zu finden, der besser zu meinem Lifestyle passte. Jedoch nach meiner Trennung von Chris *musste* ich mir ein neues eigenes Leben aufbauen – eines, in dem Chris nicht vorkam. Es sollte das genaue Gegenteil von dem werden, was ich gerade hinter mir ließ. Ich wollte Frieden, Ruhe und Komfort. Es sollte sich wie ein Zuhause anfühlen. Also tat ich das, von dem ich wusste, es würde mir helfen, das friedliche, ruhige und bequeme Heim zu schaffen, das ich unbedingt wollte: Ich ging shoppen.

Im ersten Geschäft gab ich 1300 Dollar für eine brandneue Couch mit zartgrünem Bezug für das Wohnzimmer aus. Dann suchte ich einen schwarzen Couchtisch aus, einen Beistelltisch, ein Bücherregal und einen Spiegel für weitere 700 Dollar. Ich füllte die Regale mit Büchern und Kleinkram – Kunstobjekte aus überteuerten Geschäften, die »meins« schrien. Ich kaufte Bilder, die mir gefielen, und hängte sie auf, ohne mir darüber Sorgen machen zu müssen, was irgendjemand anderes darüber dachte, und ich verwöhnte mich mit komplett neuer Bettwäsche. Mein Bett würde mein Zufluchtsort sein, mein sicherer Platz, mein Refugium für die Nacht. Insgesamt gab ich über 3000 Dollar in weniger als einer Woche aus. Und ich war noch nicht fertig.

Passend zu den Möbeln beschloss ich, dass es der ideale Zeitpunkt war, das meiste meiner Garderobe zu ersetzen. Ein paar Monate später finanzierte ich einen nagelneuen Wagen zum Preis von 15.000 Dollar. Meine Rechtfertigung für diese Entscheidung war eindrucksvoll. Kurz nachdem Chris und ich zusammengekommen waren, gab mein 1991 Hyundai Excel, den ich seit der Highschool gefahren hatte, den Geist auf. Die Reparaturkosten überstiegen bei Weitem den Wert meines geliebten Roxy. Außerdem hatte Chris einen Truck und versicherte mir, ich könnte ihn jederzeit fahren. Ich vertraute ihm und beschloss, Roxy nicht zu reparieren, verabschiedete mich von ihm und schickte ihn in den Autohimmel (Schrottplatz). Natürlich dauerte es nicht lange, bis ich verstand, dass Chris' Angebot an Bedingungen geknüpft war. Ich konnte seinen Truck haben, wenn ich ihn volltankte. Ich konnte ihn nutzen, wenn ich nur für ein oder zwei Stunden ausging. Ich konnte ihn nutzen, wenn ich mich nicht mit Freunden in dieser Zeit traf. Bei diesem letzten Punkt beschimpfte er mich, wenn ich nach Hause kam, als dächte er, ich würde so meine Sünden beichten. Als ich schließlich alleine lebte, entschied ich, dass ich ein Auto brauchte. Ich brauchte einen Wagen, an den keine Bedingungen geknüpft waren. »Autos geben dir Freiheit«, sagte ich mir und jedem, der zuhörte, immer wieder. Und das war alles, was ich wollte: frei sein.

Binnen drei Monaten hatte ich mein neues Leben gebastelt. Ich hatte ein Apartment mit passenden Möbeln, einen Schrank voller neuer Klamotten und ein nagelneues Auto. Von außen sah es perfekt aus – und ich hatte nur drei Monate gebraucht, um das zu erreichen. Endlich war ich frei.

Außer dass ich es nicht war, weil mein neues Leben mich fast 20.000 Dollar gekostet hatte. Alles war mit Kreditkarte bezahlt, die Schulden waren meine, und ich würde deren Last für viele Jahre mit mir herumschleppen. Daran war nichts Freies.

Meine Trennung von Andrew konnte man nicht mit dem vergleichen, was ich 2008 mit Chris durchgemacht hatte. Unsere Beziehung war kürzer. Sie war weder turbulent, noch tumultartig, noch toxisch. Auch hatten wir nicht Monate mit Herumzaudern verbracht und uns weiterhin benutzt und missbraucht, bis einer von uns schließlich die weiße Flagge hisste und sagte, dass es reichte. Das heißt, es war überhaupt nicht vergleichbar. Aber es tat trotzdem weh. Ich hatte endlich meinen Schutzwall eingerissen und jemanden in mein Leben gelassen. Mit jemandem zusammen zu sein war wieder möglich geworden. Dann war es mit Andrew nicht mehr möglich, und das tat weh.

Ich weiß nicht mehr, wie sehr es mit Chris wehtat, weil ich mich damals betäubte. Ich betäubte meine Traurigkeit mit Essen und meine innere Leere mit Dingen. Meine Einsamkeit betäubte ich mit vielen Partys in meinem neuen Apartment, ohne je eine volle Flasche übrig zu lassen. Ich fühlte nichts, weil ich es nicht zuließ, irgendetwas zu fühlen. Wenn ein Kneifen oder ein Stich zu mir durchdrang, nahm ich sofort das Telefon und lud Freunde zum Trinken ein. Diese Salbe trug ich ständig auf, sodass das Problem nie verheilte, es sich aber auch nicht entzündete. Dieses Verhaltensmuster wurde mir jedoch erst bei der Trennung von Andrew bewusst. Dieses Mal konnte ich mich nicht betäuben. Ich musste jedes schmerzhafte Gefühl durchstehen.

Als ich schließlich nach einem Monat Herumreisen wieder nach Hause kam, machte ich genau das. Nachts kroch ich in mein Bett und fühlte mich so einsam, dass es mir bis auf die Haut wehtat. Am Morgen nahm ich meine Alltagsroutine auf und versicherte mir, dass bald alles wieder normal sein würde. Ich mistete aus, sortierte noch mehr Kosmetikartikel, die ich nie benutzte, sowie ein paar Kleidungsstücke, die ich seit dem ersten Aussortieren nicht mehr getragen hatte. Ich fühlte mich besser in meiner Wohnung und schob ein paar Gegenstände herum, um alles funktioneller zu gestalten. An den Wochenenden ging ich mit Freunden wandern. Das Leben ging weiter. Ich fühlte und ich lebte weiter. Ich betäubte mich nicht mit Essen oder Alkohol. Und ich kaufte nichts. Es würde nichts helfen. Es hatte noch nie geholfen, und es würde auch dieses Mal nicht helfen.

Auf meinem Blog verkündete ich, dass ich die ersten drei Monate des Shopping-Banns überstanden hatte, was eigentlich kein richtiger Grund zum Feiern war. Ein Grund zum Feiern war jedoch, dass ich Gefühle hatte und weiterlebte.

4

Oktober:
Erwachsen und
selbstständig werden

Alkoholabstinenz: *21 Monate*
Gespartes Gehalt: *23 Prozent*
Entsorgter Besitz: *50 Prozent*

Anfang Oktober machte ich Fotos von meinem Apartment und legte sie neben Fotos, die ich nach meinem ersten Entrümpeln und Räumen im Juli gemacht hatte. Die Unterschiede waren, wenn's hoch kommt, minimal. Ich hatte meine Garderobe noch weiter reduziert, noch mehr Bücher weggegeben und ein paar Möbel umgestellt. Meine Pinnwand explodierte mit noch mehr gepinnten Zetteln über

Zetteln, aber alles andere sah weitgehend gleich aus. Aufgrund der Bitten einiger Leute, die gefragt hatten, ob ich zeigen könnte, wie mein Apartment aussieht, und erklären, ob sich meine Mühe auszumisten gelohnt hatte oder nicht, teilte ich die Bilder auf meinem Blog. Der Post führte die Leser auf eine Tour durch mein Apartment und zeigte, dass sich die Bemühungen tatsächlich bezahlt gemacht hatten. Mein Zuhause war frei von Gerümpel. Alles hatte seinen Platz, und alles war ordentlich. Ich war glücklich, das zu teilen, und die meisten Leser waren glücklich, es zu sehen. Bis auf ein paar.

Was meinen Blog angeht, gibt es zwei Regeln, die ich immer versucht habe zu befolgen. Die erste ist, dass ich mir, wenn jemand sich die Zeit nimmt, mir einen Kommentar zu schreiben und einen Teil von sich mir mitteilt, im Gegenzug die Zeit nehme, wohlüberlegt zu antworten. Ich antworte nicht immer auf neue Kommentare, die auf ältere Posts kommen, aber wenn sie etwas kommentieren, das ich kürzlich gepostet habe, werde ich alles tun, um darauf zu antworten. Ich mache das nicht nur, weil ich Respekt vor der Zeit anderer Leute habe, sondern auch, weil mir der Austausch in diesem Raum gefällt und ich unglaublich dankbar für jede Verbindung bin, die wir in dieser Welt eingehen.

Die zweite Regel, die ich immer befolge, habe ich einmal auf einer Konferenz aufgeschnappt. Sie lautet: Ein Blog ist keine Demokratie. Der Blogger hat das Recht, die Unterhaltung bis zu einem gewissen Punkt zu kontrollieren, und sollte das auch tun. Das bedeutet nicht, Kommentare zu löschen, die zum Nachdenken anregen oder nicht mit deiner Meinung übereinstimmen. Solche Kommentare zählen eigentlich zu den besten, weil sie dich dazu bringen, deinen Geist zu öffnen und deine Sichtweise zu erweitern. Es bedeutet jedoch, Kommentare von Trollen, also Leuten, deren einzige Absicht darin besteht, jemanden zu suchen, mit dem sie online streiten können, zu löschen. Wie das Wort schon sagt, verstecken sie sich hinter anonymisierten Namen, und sobald sie einen Blogger finden, der bereit ist, ihre Kommentare zu veröffentlichen und in den Streit einzusteigen, nisten sie sich ein und fühlen sich zu Hause. Wer durch die Posts auf meinem Blog scrollt, könnte meinen, dass ich zu den wenigen Glücklichen gehöre, die keine Trolle haben. Das stimmt so nicht. Ich habe sogar sehr viele. Ich lasse nur ihre Kommentare nicht unseren Raum besetzen. Ich lösche Kommentare von Trollen aus demselben Grund, wie die Autorin Bréne Brown keine Rezensionen liest: Sie ist der Auffassung, dass es der Arbeit nicht förderlich ist. Aber anders als Bréne Brown muss ich die Kommentare zuerst lesen, um zu wissen, welche ich löschen soll.

Die Trolle, die in dieser Woche vorbeischauten, hatten ganz unterschiedliche Ansichten über mich und mein Apartment. Einer glaubte, dass ich die Bilder inszeniert hatte und mein Gerümpel hinter Vorhängen versteckte. Ein anderer war der Meinung, dass mein Zuhause seelenlos sei und somit auch ich. Der Großteil war höchst besorgt im Hinblick auf meine minimale Garderobe, jedoch vor allem, da Zweifel aufkamen, ob ich irgendein geeignetes Outfit hatte, das ich bei einem Date tragen konnte. »Kein Wunder, dass du letzten Monat verlassen wurdest«, war einer der Kommentare.

Die Panoramaansicht meiner Wohnung hätte den ersten, der glaubte, meine Fotos wären inszeniert, nicht überzeugt.

Zu erklären, dass ich mich jetzt mehr Zuhause fühlte als je zuvor, hätte dem zweiten nicht geholfen, der befürchtete, dass dem Platz die Seele fehlte. Und Fotos von mir in jedem Outfit zu machen, das sich für ein Date eignete, hätte keinem von uns geholfen. Aber bisher gab es kaum Kommentare von Trollen, die mich verletzten. Aber dieser letzte gab mir doch einen Stich. Die Trennung von Andrew war zu frisch – und der Stich ging tiefer, als eine Freundin nur wenige Tage später eine ähnliche Bemerkung machte.

Sie war keine langjährige und keine besonders gute Freundin, wenn das Wort *gut* jemanden beschreibt, mit dem ich viel Zeit verbrachte oder dem ich meine tiefsten und dunkelsten Geheimnisse anvertraute. Sie stand mir jedoch nahe genug, dass es wehtat. Nachdem sie denselben Blogpost gelesen hatte, den die Trolle kommentiert hatten, rief sie mich an, um mir zu sagen, dass sie nicht glauben konnte, wie sauber und organisiert mein Apartment aussah. »Ich bin echt verblüfft!«, rief sie. »Kannst du dich als Nächstes um mein Apartment kümmern?« Wir sprachen über einige der schwierigsten Bereiche in ihrer Wohnung. Ihr Schreibtisch, überladen mit Papieren, Projekten, die sie angehen wollte, jedoch nie Zeit dafür fand. Der Schrank am Eingang, der mit Schuhkartons gefüllt war, auf die noch mehr Schuhkartons gestapelt waren. Schuhe, für die sie irgendwann viel Geld ausgegeben hatte und die sie jetzt niemals trug oder nur einmal im Jahr. Und ihr Kleiderschrank. »Mein Kleiderschrank ist buchstäblich verstopft. Ich wüsste nicht einmal, wo ich anfangen sollte«, sagte sie. Bevor ich lachen oder einen Vorschlag machen oder irgendwie reagieren konnte, fügte sie etwas hinzu. Es war beides – ihre Art, eine persönliche Grenze zu setzen, wie sie mit ihren Sachen umgehen würde, und ebenso ein Hieb in meine Richtung. »Aber mein Kleiderschrank soll nicht wie deiner aussehen. Mit diesen Outfits lernst du nie einen Mann kennen!«

Es geht darum. Es war nicht so, dass ihr Kommentar oder der Kommentar der Trolle bei mir eine bestimmte Seite anschlug. Ich war schon immer jemand, der mit wenigen Outfits auskam. Das hat jedoch nie meine Chancen auf ein Date beeinträchtigt oder Einfluss darauf gehabt, nicht als Person angesehen zu werden, die man daten konnte. Wenn ich die Geschichte umdrehte, galt dasselbe für alle Typen, mit denen ich zusammen war. Egal, was sie getragen haben (und ich meine wirklich egal, weil ich mich im Leben nicht daran erinnern kann, was irgendeiner meiner Exfreunde trug), es hat meine Meinung über sie nicht beeinflusst. Aber die Kommentare brachten mich zurück an den Punkt, an dem ich schon viele Male zuvor war. Ein Punkt, an dem ich das Gefühl hatte, ich musste einen Standpunkt verteidigen und einen Schlussstrich ziehen – aber ich hielt mich zurück. Ich wollte sagen: »Es ist mir egal, was du trägst, also warum ist dir nicht egal, was ich anhabe?« Stattdessen sagte ich nichts.

Ich sagte nie etwas.

Als ich 24 Jahre alt war, beschloss ich, kein Fleisch mehr zu essen und auf eine vegetarische Ernährung umzustellen. Es dauerte ganze vier Jahre, bis ich wieder Fleisch aß, aber in diesen vier Jahren hatte ich das Gefühl, dass ich mich ständig vor jedem, mit dem ich zum Essen ging, rechtfertigen musste. Ein Großteil der Leute in meinem Leben verhielt sich, als wäre mein Vegetariersein eine Unannehmlichkeit – als würde die Tatsache, dass ich kein Fleisch einer Kuh, eines Schweins oder eines Vogels und auch keinen Fisch in meinen Mund stecken wollte, irgendwie ihre Fähigkeit beeinflussen, mit mir zu essen. An jedem Grillfest, an dem ich teilnahm, wusste ich, dass ich gefragt werden würde, ob ich Karotten und Hummus zu meinem Veggie-Burger wollte, und irgendjemand würde mir ein Paket rohes Fleisch vors Gesicht halten und fragen: »Vermisst du das nicht?« Ich konnte immer lachend darüber hinwegschauen. Aber eigentlich wollte ich sagen: »Es ist mir egal, ob du Fleisch isst, also warum ist es dir nicht egal, dass ich keins esse?« Stattdessen sagte ich nichts.

Als ich beschloss, mit dem Trinken aufzuhören, war es genauso. Anders als kein Fleisch mehr zu essen, ist dies offensichtlich eine Entscheidung, die in Erinnerung bleibt. Und da die Leute sehen können, wie viel glücklicher und gesünder ich bin – auf allen Ebenen: des Geistes, des Körpers und der Seele –, hat es fast kaum einer infrage gestellt. Aber es gab doch ein paar Zweifler, und ihre Kommentare verletzten sehr: »Du warst so witzig, als du noch getrunken hast.« *War ich jetzt der Inbegriff für Langeweile?* »Ich wünschte, du würdest heute Abend mit uns trinken, aber kein Stress!« *Klar, überhaupt kein Stress.* »Das heißt, dass wir niemals betrunken Sex haben können!« Ein Typ, mit dem ich kurz zusammen war, sagte Letzteres, als wäre betrunkener Sex jemals eine lustvolle Erfahrung gewesen. Auf Partys wurde ich gerne als »die Trockene« vorgestellt und bekam später zum Anstoßen ein Glas Champagner mit der Erklärung gereicht: »Trink nur einen Schluck, das macht doch nichts!« »Wirst du *wirklich* nie wieder etwas trinken?« war die Frage, die ich am wenigsten gerne beantwortete, nur überboten von der Frage: »Vermisst du es überhaupt nicht?«, als ich Vegetarierin wurde. Natürlich vermisste ich es. Du kannst eine 14-jährige Beziehung mit jemandem oder mit etwas nicht beenden und erwarten, dass du nie wieder daran denkst. »HÖRT AUF ZU FRAGEN!«, wollte ich immer herausschreien. »Es ist mir egal, ob du trinkst, warum ist es dir nicht egal, dass ich nicht trinke?« Manchmal gelang es mir, ein einfaches »Nein« herauszupressen. Aber noch öfter presste ich meine Lippen zusammen und sagte nichts.

Ich war naiv, als ich mit dem Shopping-Bann begann. Ich hätte niemals gedacht, dass es zu einem Déjà-vu von Situationen kommen würde, die ich schon beim Aufgeben von Alkohol und Fleisch erlebt hatte. Die soziale Landschaft des Shoppens schien flacher, mit weniger Gipfeln, die es zu erklimmen galt. *Warum sollte sich irgendjemand dafür interessieren, ob ich meine Sachen loswurde oder einfach nichts Neues kaufte? Das betrifft niemanden außer mich selbst.* Oh, wie naiv ich sein konnte!

Neben der Freundin, die sich über meine minimale Garderobe lustig machte, hatte ich eine andere, die ständig versuchte, mich davon zu überzeugen, dieses Verbot aufzugeben, damit wir zusammen ins Outlet fahren konnten. Zweimal ging ich mit, um ihr Gesellschaft zu leisten, aber beide Male fühlte ich mich wie die einzig Nüchterne auf einer Party. Als ich nach Toronto zum Arbeiten reiste, fragten mich meine Kollegen, wie es mit dem Shopping-Bann lief, und schauten mich an, als wäre ich verrückt. »Besser du, als wir«, sagten sie, als ich an ihren Schreibtischen vorbeiging und feststellte, dass auf fast jedem Computerbildschirm eine Online-Shopping-Website geöffnet war. Es gab auch Freunde, die potenzielle Einkäufe, die ich nie ernsthaft in Erwägung gezogen hatte, für mich rechtfertigten. Sie versicherten mir, dass ich es »verdient« hätte. »Du arbeitest so viel!«, sagten sie, und »Du lebst nur einmal!«. Ich hasste das abgegriffene Akronym dafür: YOLO. Ich habe zu viele Freunde gesehen, die mit dieser Begründung ihre Kreditkarten haltlos überzogen und sich hoch verschuldeten. Das und »Gönn dir« waren die zwei Sätze, von denen ich wünschte, dass sie aus dem Wörterbuch der Umgangssprache gestrichen und für immer vergessen würden. Ja, du lebst nur einmal. Und du solltest es genießen. Jedoch nicht, wenn das bedeutet, dein Budget zu überziehen und dich dafür zu verschulden. An Schulden ist überhaupt nichts Witziges, und daran wird auch ein Akronym nichts ändern. All das wusste ich nur zu gut.

In all diesen Situationen war ich auf meine Freunde nie wütend. Ich konnte es ihnen nicht einmal verübeln, dass sie versuchten, mich dazu zu bewegen, mit ihnen shoppen zu gehen oder für mich selbst zu shoppen oder ganz einfach mein Geld zu genießen – das war ein Verhalten, das viele Leute erlernt hatten und in allen möglichen Lebensumständen zeigten. In meinem Leben hatte ich Freunde, die mir noch einen Drink ausgeben würden und mich ermunterten, die ganze Nacht herumzuziehen. Ich hatte Freunde, die vorschlugen, dass wir auf Drogen umsteigen sollten, damit wir länger wach bleiben konnten. Ich hatte auch Freunde, die mit Freuden ein Training sausen lassen würden und stattdessen vorschlugen, uns eine große Pizza zu teilen. Nun hatte ich Freunde, die versuchten zu rechtfertigen, warum ich mir Dinge kaufen sollte. Die Konsumprodukte waren verschieden, aber die Szenarios ähnelten sich. Und ich konnte nicht behaupten, dass die Rollen jemals umgekehrt waren.

Ich habe keine besondere Erinnerung daran – vielleicht weil ich sie verdrängt habe, wie man eben alles verdrängt, an das man sich an seinem früheren ICH nicht erinnern will. Aber ich bin sicher, es gab Zeiten, in denen ich meine Freunde ermutigte, ihre Regeln zu brechen, um gemeinsam mit mir Schlechtes zu tun. *Ich weiß*, dass ich es getan habe. Ich weiß es, weil Süchtige so etwas tun. Es ist auch das, was Leute im selben Umfeld tun. Im Lauf der Jahre haben sich Dutzende von Freundschaften entwickelt – aber ich hatte sie auch alle in bestimmte Schubladen einsortiert. Ich hatte Freunde und Freundinnen, mit denen ich trank, Freunde und Freundinnen, mit denen ich Drogen nahm, Freundinnen, mit denen ich Junkfood aß, und Freundinnen, mit denen ich shoppen ging. Es kam selten vor, dass ich Freunde, mit denen ich trank, zu mir nach Hause einlud, wenn ich wusste, dass ich mit einem anderen Freund oder einer Freundin eine Junkfood-Orgie geplant hatte. Manchmal rauchte ich Gras und aß Junkfood mit denselben Leuten, aber das war auch das Höchste, wie ich meine Welten miteinander kombinierte. Und innerhalb jeder einzelnen dieser Welten wusste ich, dass jeder seinen Anteil daran hatte, wie er andere beeinflusste.

Das Problem in den Augen meiner Freunde war, dass ich die Erste war, die aus diesen Welten ausstieg. Mit 23 hörte ich mit harten Drogen auf, mit 25 hörte ich auf, Gras zu rauchen. *Leb wohl, Drogenwelt. Auf Nimmerwiedersehen.* Mit 27 hörte ich auf zu trinken und ließ auch diese Welt hinter mir. Ich kann nicht behaupten, dass ich nie Junkfood esse, aber je gesünder mein Leben wurde, desto bewusster versuchte ich, mich zu ernähren. Schließlich gab ich die Junkfood-Orgien auf und lud keine Freunde mehr zu Fressgelagen ein. Und obwohl diese drei Welten voneinander völlig getrennt waren, überschütteten sie mich mit denselben Kommentaren, nachdem ich jeder von ihnen den Rücken gekehrt hatte: Zuerst die Witze, dann die Rechtfertigungen, dann die Erinnerung an gute alte Zeiten und das Flehen, doch bitte zurückzukommen.

Ich hätte nie gedacht, dass es irgendjemandem etwas ausmachen würde, dass ich mit Shoppen aufgehört hatte. Aber ich habe es meinen Freunden auch nie verübelt, wenn sie negative Kommentare abgaben, da ich in Wahrheit auch sie verlassen hatte. Ich hatte die Regeln und die Rituale gebrochen, die unsere Freundschaft in der Shopping-Welt zusammenhielten. Wir würden nie wieder Freude darüber empfinden, gleichzeitig Sachen zu kaufen oder uns über ergatterte Schnäppchen auszutauschen oder uns Tipps zu geben, wie wir Geld sparen konnten. Ich wusste schon immer, dass Alkohol zu trinken in der Gesellschaft tief verankert und ein zentrales Gesprächsthema bei fast allen Events war. Es wäre mir jedoch nie in den Sinn gekommen, dass Shoppen und Geldausgeben ein weit größeres uns verbindendes Thema ist. Sehen Sie? Naiv. Daher konnte ich es meinen Freunden nicht verübeln, wenn sie das Gefühl hatten, dass ich mich gerade dem entzog, was wahrscheinlich das Tagesthema war.

Mit der Zeit bemerkte ich, dass immer mehr Freunde sich verhielten, als könnten sie ihre Anschaffungen vor mir nicht erwähnen, ebenso, wie man vor einem Kind nicht fluchen würde. »Tut mir leid, Cait, die nächste Geschichte interessiert dich sicher nicht«, würden sie vorausschicken, bevor sie die Geschichte dem Rest der Gruppe erzählten. *Sollte ich mir die Ohren zuhalten? Oder mich in die Ecke setzen?* Schließlich luden mich einige Leute zu gemeinsamen Treffen überhaupt nicht mehr ein, bei denen auch Geld ausgegeben wurde. Das ganze Experiment schien sie zu verwirren, und sie schlossen aus meiner Entscheidung, nicht mehr zu Shoppen, dass ich auch nicht mehr Essen gehen würde. Diese Überlegungen verletzten mich, da ich mich ausgegrenzt fühlte, wo ich doch nur versuchte, mich weiterzuentwickeln. Fühlte es sich so an, wenn man eines dieser schlauen Kinder war, denen ihre Ausbildung und gute Noten in der Schule wichtig waren? Ich wollte die Hand ausstrecken und meinen Freunden erklären, dass nur weil ich mich verändert hatte, auch sie sich nicht auch verändern mussten. »Es ist mir egal, ob ihr immer noch shoppt, also warum ist es euch nicht egal, dass ich nicht shoppe?« Stattdessen sagte ich nichts. Ich sagte nie etwas. Aber ich fragte mich, *warum wir uns gegenseitig dazu anstachelten, Geld auszugeben, wenn wir alle mehr sparen sollten?*

Ich hatte im Lauf der Jahre unzählige Male erfahren, dass du jedes Mal, wenn du Negatives in deinem Leben loswirst, Platz für Positives schaffst. Die vergiftete Beziehung mit Chris aufzulösen, die mich einmal besetzt hatte, öffnete mir die Augen für die Möglichkeit, zurück zur Schule zu gehen und einige meiner Träume verwirklichen zu können. Meinen Job im öffentlichen Dienst zu kündigen schenkte mir die Chance, dass ich mit Schreiben meinen Lebensunterhalt verdienen konnte. Sogar etwas so Einfaches, wie die Entscheidung, ein Buch, das mir nicht gefiel, nicht bis zum Ende zu lesen, schenkte mir mehr Zeit, die Bücher zu lesen, die ich mochte. Und weniger Energie in Freundschaften mit Menschen zu stecken, die mich nicht verstanden, gab mir mehr Energie für Freundschaften mit solchen, die es taten.

Während ein paar Freundschaften langsam ausliefen, entwickelten sich viele neue und blühten durch den Shopping-Bann geradezu auf. Ich traf mich alle zwei Wochen mit Kasey, mit der ich in Portland war. Sie war eine der wenigen Freundinnen, von denen ich wusste, dass ich mit ihr immer über die Arbeit (sozusagen) sprechen konnte, da wir beide für Finanz-Start-ups arbeiteten und wussten, wie schwierig das sein konnte. Aber sie war auch einer der positivsten Menschen, die ich je getroffen habe. Ihre Energie war ansteckend, und für mich war es wichtig, mit positiver Energie versorgt zu werden. Wenn wir nicht irgendwo in Vancouver zum Brunchen gingen, bummelten wir durch Port Moody, was fast immer in der Rocky-Point-Eisdiele endete. Manchmal muss ich auch von einer Kugel Karamell-Eis mit Meersalz angesteckt werden.

Tanja war noch eine Freundin, die mich mit ihrer positiven Energie ansteckte. Sie war die erste Freundin, die ich nach meinem Umzug nach Port Moody fand, und der erste Mensch, den ich immer anrief, wenn ich Wandern gehen wollte, weil ich wusste, dass sie immer gerne mitging. Jedes zweite Wochenende erkundeten wir einen der zahlreichen Wanderwege zwischen Port Moody und Pitt Meadows. Meine Lieblingsstrecke war die dreistündige Tour um den Buntzen Lake mit ihrem Hund Starr. Wir hatten es nie eilig anzukommen, was sich an unserem Geh- und Gesprächstempo zeigte.

Als ich mich ganz zu Anfang für das Umsetzen des Shopping-Banns entschieden hatte, dachte ich jedoch, dass der erste Mensch, dem ich von der Idee erzählte, meine beste Freundin Emma wäre. Emma und ich haben uns kennengelernt, als wir beide in einem Supermarkt in Victoria an der Feinkosttheke arbeiteten. Zwischen uns lag ein Altersunterschied von drei Jahren: Sie war damals 17 und ich kurz vor meinem 20. Geburtstag. Aber mit unserem albernen und oft heftigen Humor waren wir uns genauso ähnlich wie in unserer Uniform aus einem beigen Oberteil und einer korrespondierenden schwarzen Hose. Wir hatten nur zwei Jahre zusammengearbeitet, aber waren seitdem unzertrennlich.

Emma war die Erste, der ich alles erzählen konnte. Sie war die Erste, der ich erzählte, wie viele Schulden ich hatte; sie war die Erste, der ich den Link zu meinem Blog schickte. Sie war die Erste, die ich von meiner Entscheidung unterrichtete, weniger zu trinken und mehr Sport zu treiben und schließlich ganz mit dem Trinken aufzuhören. Es war egal, wo in der Welt ich mich gerade aufhielt – in Port Moody lebte, in Toronto arbeitete oder irgendwo herumreiste –, Emma war immer die Erste, die von irgendetwas in meinem Leben erfuhr, und umgekehrt.

Im Lauf der Jahre bin ich zu dem Schluss gekommen, dass es zwei Arten von Freundinnen auf dieser Welt gibt: Freunde, die dich davor bewahren, mit irgendeiner Zufallsbekanntschaft aus der Bar nach Hause zu gehen, und Freunde, die deine sexuellen Ausrutscher am nächsten Morgen mit Bloody Marys feiern. Die Freundin, die nie den verabredeten Termin fürs Fitnessstudio verpasst, und die, die dir dazu gratuliert, dass du nach einem Horrortag zwei Cheeseburger, eine Portion Pommes und einen Milkshake verdrückt hast. Die Freundin, die dich davon abhält, 300 Dollar für eine Tasche auszugeben, die du nicht brauchst, und die Freundin, die dich zum nächsten Geschäft fährt, um sie zu kaufen. Ich bin sicher, dass wir uns unsere Sparringspartner für diese inneren Kämpfe aussuchen, bevor wir eine endgültige Entscheidung treffen, da wir uns meistens den Leuten mitteilen, die uns dabei unterstützen, die schlechte Wahl zu treffen. Emma war immer die Erste, der ich alles erzählte, weil sie definitiv zu den Freunden gehörte, die andere zu den richtigen Entscheidungen ermutigten.

In den ersten paar Monaten des Verbots teilte ich mit Emma jeden spürbaren Drang zum Shoppen. Meine SMS bewegten sich auf einer Skala

von vernünftig: »Ich habe überlegt, mir neue Bettwäsche zu kaufen.«,

über verzweifelt: »Hilfe! Ich bin nur noch ein Klick davon entfernt, alles zu kaufen! Halt mich auf! Ahhh!«,

zu ernüchtert: »Das ist die Hölle, warum tue ich das bloß!?!?!?!?!«

Emmas Antworten begannen fast immer mit einem Lachen. Sie ist die Art Freundin, die über dich lachen kann, ohne dass du dich abgewertet fühlst, weil du weißt, dass sie nicht deshalb lacht. Wir konnten beide wahnsinnig lachen, wenn wir darüber sprachen, wie albern einige meiner Nachrichten waren und vor allem einige der Dinge, für die ich überlegt hatte, das Verbot zu brechen. Es war kein Urteil – es war wirklich witzig. Und nach dem Trocknen der Lachtränen hatte Emma die wunderbare Fähigkeit, mir den Kopf zurechtzurücken, indem sie einfach meine eigenen Worte wiederholte. Sie sagte Dinge wie:

»Ist das auf der genehmigten Shopping-Liste? Bist du bereit, es gegen etwas auf der Liste auszutauschen?«

»Süße, es ist alles okay! Wenn du es gestern nicht gebraucht hast, brauchst du es auch heute nicht.«

»Du machst es richtig gut! Eine Entscheidung nach der anderen! Einfach TCB (unser Code für: take care of business).«

Sie war mein Cheerleader und die Verteidigerin meines Erfolgs. Oft habe ich meine Fähigkeit, meine Schulden so schnell zurückzuzahlen, meinen Lesern zugeschrieben, die mich unterstützten, bei der Stange zu bleiben. Und dieser Meinung bin ich noch immer. Aber Emma war – und ist noch immer – meine ultimative Partnerin in Sachen Gewissenhaftigkeit. Das heißt nicht, dass wir immer die besten Entscheidungen getroffen haben. In den ersten zehn Jahren unserer Freundschaft ließen wir uns gelegentlich gegenseitig einiges nach und trafen so manch schlechte Wahl. Aber wir verurteilten uns nie, weil wir immer wussten, dass wir schnell wieder in die Spur kämen – und wenn es zu lange dauerte, würden wir eingreifen und uns gegenseitig wieder auf den richtigen Weg führen.

Und schließlich war da Clare. Clare und ich lernten uns über unseren Finanzblog kennen: Ich schrieb über die Rückzahlung meiner Konsumschulden, während sie über die Abzahlung ihres Studienkredits schrieb. Ihr Schreibstil war klug und geistreich. Sie war aus gutem Grund Texterin geworden. Clare war die geborene Texterin. Sie war auch meine einzige trockene Freundin.

Bevor ich tatsächlich mit dem Trinken aufhörte, schickte ich eine Nachricht an die Autorin eines Abstinenzblogs mit dem Pseudonym »B.«. In meiner Verzweiflung teilte ich B. meine Sorgen und Zweifel mit. Ich öffnete mich einer völlig Fremden. Nur dass sie keine völlig Fremde war. Nach stundenlangem Drücken des Senden-Buttons checkte ich meine E-Mails und fand eine liebe Kurznachricht. »Süße, bevor ich auf alles antworte, was du mir geschrieben hast, muss ich ganz ehrlich sein. Ich bin's, Clare. Ich bin auch B.« Das Internet hat seine Magie ausgespielt – zum zweiten Mal –, damit wir uns kennenlernen würden, und seitdem sind wir Freundinnen. Sie war meine Sober Sally und ich ihre. Clares Zuneigung und ihr Engagement waren ebenso feurig wie ihre roten Haare. Sie erinnerte mich immer daran, dass sie meine Durch-dick-und-dünn-Freundin war. Dass sie immer zu mir halten würde. Und das hat sie getan. Aber erst zwei Jahre später, am Abend vor ihrer Hochzeit im Oktober 2014, standen wir uns zum ersten Mal persönlich gegenüber.

Das Beste und das Schlechteste an Internetfreunden ist, dass sie fast nie in derselben Stadt wohnen wie du. Clare lebte in Denver. Bei 1500 Meilen Entfernung war es schwierig, sich schnell auf einen Kaffee zu treffen, aber als sie mich zu ihrer Hochzeit einlud, sagte ich sofort zu. Natürlich würde ich hingehen. Es war mir eine Ehre, und außerdem wollte ich meine beste Internetfreundin im echten Leben treffen.

Der ursprüngliche Plan war, dass Andrew mitkommen sollte, aber auch ohne ihn war ich sicher, dass diese Reise in mein Budget passte – was auch so war. Außer dem Geld, das ich monatlich in meinen Rentenfond zahlte, legte ich auch Geld für Reisen beiseite. Ich hatte fast meine ganzen Zwanziger damit verbracht, davon zu reden, dass ich mehr reisen wollte, und darüber zu jammern, dass ich nie das Geld dazu hatte. Nun, dank des Shopping-Banns, konnte ich es mir leisten. Tatsächlich hatte ich genug Geld für den Hin- und Rückflug, mein Hotel, das Essen und sogar für einen Mietwagen für die vier Tage. Ich verwendete Bonusmeilen und Rabattcodes, damit die Reise günstiger wurde, und so reichte das Geld für alles.

Es war mein zweites Mal in der sogenannten Mile High City (weil Denver eine Meile über dem Meeresspielgel liegt), aber das erste Mal, dass ich das Stadtzentrum verlassen und etwas unternehmen konnte, das nichts mit Konferenzaktivitäten zu tun hatte, die der Anlass meiner ersten Reise dorthin waren. Außer der Hochzeit wollte ich auch einen Tag mit meiner Freundin Kayla in den Bergen verbringen. Kayla war auch Finanzbloggerin. Wir trafen uns bei einer Konferenz in St. Louis im Jahr 2013, und ich spürte sofort, dass da eine Verbindung bestand. Zu diesem Zeitpunkt war Kayla die einzige Person außer mir, von der ich wusste, dass sie über Geld und bewusstes Handeln bloggte. Sie war auch die einzige Freundin, die Erfahrung mit Meditation hatte und mit der ich meine »spirituellen« Gedanken teilen konnte.

Nachdem ich mit den ersten Sonnenstrahlen aufgewacht war, holte mich Kayla vom Hotel ab. Wir tranken Kaffee aus zwei Thermobechern, die sie mitgebracht hatte, hielten in Morrison zum Frühstücken an und fuhren dann zum Red Rocks Park. Hier habe ich erfahren, wie wichtig es war, auf fast 2000 Metern Höhe doppelt so viel Wasser zu trinken wie normal. Nachdem wir die Treppen des Amphitheaters hochgestiegen waren, ging mir durch Sauerstoffmangel die Luft aus. Als ich zwischen den beiden Monolithen stand, drehte sich alles etwas um mich. Aber für jemanden, der im pazifischen Nord-westen aufgewachsen ist, umgeben vom Meer und den Bergen der Küste, war der rote Sandstein eine Vision. Die 250 Millio-nen Jahre alten Schichtsteinformationen begleiteten uns um jede Ecke bis zurück zum Wagen. Das Red-Rocks-Amphithea-ter zählte aus gutem Grund einmal zu den sieben Naturwun-dern, und ich war dankbar, es einmal sehen zu dürfen.

Später am Abend fuhr ich mit Clare und ihrem Demnächst-Ehemann Drew zu einer Party, die ihre Freunde in Boulder für sie gaben. Sie stellte mich nicht als »die Trockene«, son-dern als ihre Internet-BFF (best friend forever) vor. »Cait ist eine unglaublich gute Autorin, ihr müsst ihren Blog lesen«, übertönte sie die Musik. »Sie schreibt über einen einjährigen Shopping-Bann, den sie durchzieht – es ist unglaublich!« Damit konnte ich mich unter die Leute mischen und war nicht gefangen in der unangenehmen Situation, mich wie die einzig trockene Person auf der Party zu fühlen, sondern wie eine geschätzte Kollegin unter Freunden.

Beim Hochzeitsempfang am nächsten Tag traf ich noch mehr von Clares und Drews Freunden einschließlich einer weiteren Sober Sally. Wir tanzten, bis uns die Füße wehtaten, und ich wusste, dass es Zeit war, mich zu verabschieden. Mich an die-sem Abend von Clare zu verabschieden war kurz und süß, fast als könnten wir uns in der nächsten Woche auf einen schnel-len Kaffee treffen. Ich wusste, dass wir uns nicht so schnell wiedersehen würden, aber es war klar, dass wir uns wiederse-hen würden. Das Internet hatte seine Magie verströmt – zwei-mal –, damit sich unsere Wege kreuzten und wir Freundinnen wurden. Der Shopping-Bann hat seine eigene Magie entwickelt und dafür gesorgt, dass wir uns im echten Leben trafen.

5

November:
Blackouts und wie es dazu kommen musste

Alkoholabstinenz: *22 Monate*
Gespartes Gehalt: *30 Prozent*
Vertrauen darin, das Projekt erfolgreich abzuschließen:
40 Prozent

In den fünf Jahren, seit ich blogge, habe ich gelernt, dass man die Leser, die kommentieren (außer den Trollen), in zwei Arten von Menschen einteilen kann: solche, die sich inspiriert fühlen und alles unterstützen, was du tust, und solche, denen die Idee zwar gefällt, aber die schnell alle möglichen Gründe aufzählen, warum sie selbst es nicht tun könnten. Ihr Partner würde nicht mit dem Trinken, dem Essen oder dem Shoppen aufhören. Ihre Kinder weigern sich, ihre Sachen wegzugeben. Sie arbeiten zu viele Wochenstunden, um nebenher noch zusätzlich Geld zu verdienen. Müssen Häuser abzahlen und mit Freunden ausgehen, Veranstalten besuchen usw. Diese Leser füllen die kleine Kommentarbox mit ihren Geschichten und veröffentlichen ihr inneres Ringen mit so intimen Details, dass ich mich oft gefragt habe, ob ihre Partner davon wissen. Und wenn sie sich aktuell ganz besonders schlecht fühlten, setzen sie zum Schluss zwei Satzzeichen: einen Doppelpunkt und eine öffnende Klammer – das digitale traurige Gesicht.

Ich habe noch nie und werde auch nie darüber streiten, wie meine Leser begründen, warum sie nicht das tun können, was ich tue. Ich habe schon immer gesagt, dass private Finanzen privat sind, und was für den einen gut ist, mag nicht gut für den anderen sein. Und das gilt für fast alles. Aber es gibt einen Kampf, den meine Leser alle kämpfen, den ich verstehe. Und nicht nur das, ich habe selbst oft damit gerungen.

Es ist die konkrete Sorge davor, dass wenn man etwas völlig zu vermeiden versucht, es zu sehr einschränkt. Der kalte Entzug führt letztendlich dazu, dass man aufgibt, rückfällig wird und mehr konsumiert, als man es vor seinen Anstrengungen um Enthaltsamkeit getan hat. Das war fraglos der häufigste Einwand meiner Leser, als ich über den Shopping-Bann zu schreiben begann, und der häufigste Grund, warum sie dachten, dass er für sie keine Option sei. Um ehrlich zu sein, die Befürchtung ist berechtigt – vor allem, falls Sie jemals davon überzeugt waren, dass Shoppen Probleme lösen könnte. Was ich damit meine, reicht tiefer als der oberflächliche Begriff vom »Frust-

Shoppen«. Es reicht tiefer als der simple Glaube, man könne sein Glück erkaufen. Es waren nicht einmal die spitzen Bemerkungen einiger Freunde über die Herausforderung selbst, die mich dazu veranlassten, meinen Drang zu hinterfragen, dieses Experiment erfolgreich abschließen zu wollen. Ich sagte es mir selbst, immer wenn ich ans Aufgeben dachte – weil ich ans Aufgeben dachte. Und einmal habe ich sogar aufgegeben.

Im letzten Juli hatte ich umfassende Vorkehrungen getroffen, um das ganze Jahr über möglichst wenig Werbung zu sehen. Ich hatte meinen Kabelanschluss schon Jahre zuvor abgemeldet und meinen Fernseher so angeschlossen, dass ich nur Netflix sehen konnte und der Werbung auf dem Bildschirm nicht ausgesetzt war. Trotzdem mussten meine Augen auf meinem Computer und auf meinem Handy an ihr vorbeiscrollen. Ich konnte die Werbung auf Websites nicht beeinflussen, aber dafür einiges von dem in den sozialen Netzwerken eindämmen, und dort legte ich los. Bei allen Anbietern (Facebook, Twitter und Instagram) arbeitete ich die Liste der abonnierten Sites ab und meldete mich bei allen Händlern ab. Das waren Buchhandlungen, Outdoor- und Einrichtungsgeschäfte und Kaufhäuser. Außer bei den Buchhandlungen fragte ich mich, warum ich einige dieser Seiten überhaupt abonniert hatte. *Musste ich wirklich wissen, wann Bilderrahmen, Reisegepäck-Sets oder Bademäntel im Sale waren? War das jemals wichtig?*

Dann kam ich zu den Unternehmen von Freunden, wie die der Bio-Kosmetik-Linie, zu der ich wechselte. *Wie konnte ich Megans Seite nicht mehr abonnieren? Würde ihr nicht zu folgen nicht so aussehen, als unterstützte ich ihre Arbeit nicht?* Schon die Tatsache, dass ich mir diese Fragen stellte, bewies das Gegenteil. Natürlich unterstützte ich die Produkte und Dienstleistungen meiner Freunde – ich durfte nur im kommenden Jahr nicht davon in Versuchung geführt werden.

Als ich mit den sozialen Netzwerken durch war, ging ich an den Eingangsordner meiner Mailbox, der ein Problem an sich war. Zum Glück gab es eine App, die mir dabei half, eine lange Newsletter-Liste mit über 300 Adressen zusammenzustellen, für die ich mich offensichtlich im Lauf der Jahre angemeldet hatte, mit einem dicken roten Abmelde-Button neben jeder einzelnen. Wieder waren das Buchhandlungen, Outdoor- und Einrichtungsgeschäfte und Kaufhäuser. Abmelden, abmelden, abmelden, abmelden. Es gab aber auch Fluglinien und Websites mit Reiseangeboten darunter, die mich über Discount-Codes und Sonderangebote informierten. Ich kämpfte mit der Entscheidung, diese E-Mails in Zukunft aus meinem Leben zu verbannen. *Ich darf in diesem Jahr Geld für Reisen ausgeben. Sollte ich nicht bei einer Buchung versuchen, Geld zu sparen? Schließlich bin ich eine Finanzbloggerin! Ich kann den Leuten nicht erzählen, dass ich mehr ausgegeben hatte, wenn ich weniger hätte ausgeben können.* Obwohl diese Gedanken ihre Richtigkeit hatten, wusste ich, dass die Angebote mich dazu verleiten würden, mehr Geld auszugeben. In wenigen Minuten hatte ich mich von allem abgemeldet – dachte ich zumindest. Irgendwie flutschte trotz all meiner Vorsichtsmaßnahmen eine E-Mail durch und landete am Black Friday in meinem Posteingang.

Der Morgen begann wie jeder andere. Duschen, Kaffee kochen, in einem Buch lesen, mit der Arbeit beginnen. Alles war ruhig und entspannt. Keine Gedanken über Entrümpeln beschäftigten mich. Ich verspürte keinen Drang nach meiner alten Gewohnheit, mir einen Coffee to go zu kaufen. Und ich hatte keine Ahnung, dass Black Friday war, bis ich meine E-Mails checkte und einen von meinem Lieblingshändler sah mit Sales-Angeboten quer über den Bildschirm. Einen Kaufe-eins-bekomme-eins-gratis-Deal, einen 25-Prozent-Rabatt-Button, einen 41-Prozent-Rabatt-Button und einen 50- bis 75-prozentigen Nachlass auf Kerzen. Schreiende fette rote Buchstaben direkt vor mir. Bevor ich die E-Mail in meinen Spamordner verschieben konnte, stellte ich fest, dass E-Reader um 40 Dollar reduziert waren – von 139 Dollar auf nur 99 Dollar herabgesetzt. Das war perfekt. Ich hatte versprochen, in der Woche darauf einen E-Reader auf meinem Blog zu verschenken, den ich noch besorgen musste. Endlich hatte sich meine Trödelei mal (buchstäblich) bezahlt gemacht.

Und dann vernahm ich die Botschaft. *Noch nie gab es E-Reader so günstig.*

Ich kannte diese Stimme gut. Sie war mir so vertraut, wie wenn man ans Telefon geht und eine Freundin ist dran, mit der man ewig nicht gesprochen hat, und du freust dich wahnsinnig und bist ganz aufgeregt. Dieses bekannte Wohlgefühl, das sich sofort einstellte, machte es mir möglich, dass ich einige Schutzwälle einriss und die Worte zu mir durchdringen ließ.

Noch nie gab es E-Reader so günstig. Und du brauchst einen.

Die Stimme und ich hatten eine gemeinsame Geschichte. Und tatsächlich kommunizierte ich mit ihr mehr als mit irgendjemand anderem. Sie kannte mich bis in die kleinste Körperzelle und hatte es raus, mich zu nähren, mich aufzutanken, Leben in mir zu wecken – und mich kaputtzumachen. Ich hatte immer darauf vertraut, dass sie mir bei jeder Problemlösung zur Seite stand. Schließlich war mein eigener E-Reader wieder kaputt, und ich brauchte einen neuen – oder etwa nicht?

Du brauchst ihn, und du hast so lange nichts für dich gekauft.

Sie war auch immer meine Sparringspartnerin, wann immer ich an einem Scheideweg stand und nicht wusste, welche Richtung ich einschlagen sollte. Dann setzte sie sich mit mir über beide Möglichkeiten auseinander. Diesmal standen wir am bekanntesten Prüfstein der privaten Finanzwelt, mit der einen Frage: Hast du das Geld dafür? Ich wusste die Antwort darauf, aber ich wandte mich ihr zur Orientierung noch mal zu.

Du brauchst ihn jetzt, du hast dir so lange nichts gekauft. Und du hast das Geld!

Meine Augen wurden größer, und ich spürte, wie mein Herz einen kleinen Freudensprung machte. Es war dasselbe Gefühl, das ich immer nach dem Kauf von zwei Flaschen Wein gehabt hatte, mit dem Wissen, dass nun ein lustiger Abend vor mir lag – eine Mischung aus Aufgeregtheit und Besorgnis, getrieben von einem Schuss Adrenalin. Ich hatte 700 Dollar auf meinem Shopping-Bann-Konto. Natürlich konnte ich es mir leisten. Ich kokettierte mit der Idee, war bereit, die Nacht hindurch mit ihr zu tanzen. Nur dass ich nicht mehr die war, die zwei Flaschen Wein im Einkaufskorb hatte, weshalb mich das Gefühl jetzt stocken ließ.

Die Stimme wusste, dass ich nicht überzeugt war.

Wahrscheinlich wird er nie mehr um 40 Dollar reduziert sein.

Das reichte mir völlig, und sie wusste es. Sie wusste es, weil ich es wusste.

Ich erinnere mich nicht genau, was danach passierte, aber ich weiß die Reihenfolge, in der es passiert sein muss. Ich musste wohl zwei E-Reader in den Warenkorb gelegt haben, meine Kreditkartennummer und meine Versandadresse eingegeben haben, die Bestellung kontrolliert und auf »Versenden« gedrückt haben. Ich wusste, dass es so war, weil ich das schon Hunderte Male zuvor gemacht hatte. Es war mir so vertraut wie das Anziehen am Morgen oder einen Scheitel in mein Haar zu ziehen. Es war also ganz natürlich. Es war nicht nur eine Gewohnheit, es war ein Teil von mir. Aber ich erinnere mich nicht daran, es getan zu haben. Ich erinnere mich nicht, irgendwelche Informationen eingegeben oder irgendwelche Tasten gedrückt zu haben. Als Nächstes sah ich, dass eine neue E-Mail von meinem Lieblingsgeschäft gekommen war, in der meine Bestellung bestätigt wurde. Die Sekunden dazwischen waren weg, ein weiterer Blackout, und in der Zeit hatte ich den Shopping-Bann gebrochen.

Was als Nächstes kommen würde, war mir nicht fremd. Ich wusste, wie schnell ein Ausrutscher zu einem Absturz und schließlich zu einem Totalrückfall werden konnte, weil mir auch das ganz natürlich vorkam. Wie damals, als ich eine Diät ausprobierte, bei der ich mich auf 1200 Kilokalorien am Tag beschränken musste. Es dauerte genau vier Tage, bis ich mich dazu überredet hatte, dass ich ein Stück dunkle Schokolade verkraften würde. Aber das eine Stück dunkle Schokolade wurde schnell zur ganzen Tafel. Und wen in aller

Welt wollte ich reinlegen? *Ich konnte diese dumme Diät sowieso nicht durchhalten, warum also das lassen?* Ich setzte mich in mein Auto und fuhr zum Supermarkt, um mir eine Tiefkühlpizza und ein Stück Schokokäsekuchen zu kaufen, weil ich eigentlich genau das schon die ganze Zeit wollte – nicht ein Stück dunkle Schokolade. *Diäten sind blöd,* sagte ich mir. *Ich mache das nie wieder.* Dann brachte ich das richtige Essen nach Hause und aß natürlich alles auf einmal auf. Nur, dass ich nicht mehr weiß, dass ich alles auf einmal aufgegessen habe. In einer Minute war es noch in meinem Wagen im Supermarkt, und in der nächsten Minute standen zwei Teller vor mir auf dem Wohnzimmertisch mit einer Gabel und ein paar Krümeln. Der Pizzakarton, der Plastikbecher und die Quittung waren der einzige Beweis für das, was ich in der Zeit dazwischen meinem Körper zugeführt hatte.

Im Lauf der Jahre hatte ich viele Ess-Blackouts. Als Kind schlich ich oft in der Nacht, wenn alle schliefen, in die Küche, holte mir eine Packung Kekse aus dem Schrank und nahm sie mit in mein Bett. Ich wollte ein oder zwei Kekse essen – das war alles. Aber bevor ich mich versah, versteckte ich die leere Schachtel unten im Mülleimer und hoffte, dass niemand mein Tun bemerken würde. Wenn ich sie tief genug versteckte, damit nicht einmal ich sie sehen konnte, konnte ich vielleicht auch mein Tun vergessen. Halloween-Süßigkeiten waren am schlimmsten. Wagten es meine Eltern, sie zu früh zu besorgen, sorgte ich für ihr Verschwinden und dass sie vor dem großen Tag noch einmal einkaufen mussten. Ich konnte nie verstehen, wie meine Freunde es schafften, noch Mitte oder Ende November Halloween-Süßigkeiten mit in die Schule zu nehmen, während meine nur ein paar Tage gereicht hatten. Sobald ich ihrer habhaft wurde, aß ich sie. Ganz einfach.

Im Jahr 2012 verwandelte sich mein zweiter und letzter Versuch, mit dem Trinken aufzuhören, in den ultimativen Ausrutscher und Rückfall. Ich war 45 Tage trocken und entschied, genug war genug. Ich hatte keine Lust mehr, den Leuten auf Events zu erzählen, dass ich nicht trank, und war ihre Antworten leid, wenn ich im Versuch einer Erklärung dafür Worte aneinanderreihte. An diesem Abend trank ich nur zwei Bier, aber hatte danach das Gefühl, dass es meine Pflicht war, in den darauffolgenden sechs Wochen alles zu trinken, was ich zu Gesicht bekam, um die sechs Wochen wettzumachen, die ich trocken verschwendet hatte. Ich erinnere mich nicht an alles, was ich getrunken habe oder was ich in der Zeit getan habe, als ich betrunken war. Es war alles egal. Ich war einfach durch mit der Abstinenz. Was mir auch in den Weg kam, lief Gefahr, konsumiert zu werden.

Also ja, ich wusste, wie schnell aus einem kleinen Ausrutscher ein Totalrückfall werden konnte. Ich wusste auch, dass das größte Problem nicht immer der Rückfall an sich war, sondern das, was ich mir über den Rückfall einredete. Ich sah mich im Spiegel an, packte meinen Bauch und verfluchte mich dafür, für immer fett zu sein. *Cellulitis verschwindet sowieso nicht, warum kümmert es dich überhaupt?* Oder ich wachte auf und beschimpfte mich, während ich die Blutergüsse an meinem Körper zählte – eine Erinnerung daran, wie leichtsinnig ich in der Nacht zuvor war. *Ganz toll, Cait. Vermutlich bist du wieder einmal vor allen Leuten aufs Gesicht geknallt, haltloses Wrack, du.* Dann gab es die Tage, an denen ich komplett angezogen in meinem Bett aufwachte mit einem Pizzakarton auf dem Boden daneben oder manchmal sogar im Bett – ein Beweis, dass ich das Komatrinken in der Nacht mit einem Fressgelage abgeschlossen hatte. In den ersten Stunden dieser Tage beschimpfte ich mich aufs Bösartigste.

Aber das Schlimmste war, wenn ich entdeckte, dass ich bei einem dieser Rückfälle etwas gesagt oder getan hatte, was nicht meinem Ethos oder meinem Wertekostüm entsprach, wie lügen darüber, wo ich mit wem war oder was ich tat. *Warum sprechen meine Freunde immer noch mit mir?*, fragte ich mich. *Ich bin ein schrecklicher Mensch.* Ich fühlte mich nicht nur schuldig, ich schämte mich abgrundtief für meine Taten. In ihrem zweiten TED-Talk, *Listening to Shame*, sagt Brené Brown, der Unterschied zwischen Schuld und Scham liege darin, dass Schuld bedeutet: *Ich habe etwas Böses getan*, und Scham bedeutet: *Ich bin böse*. Die Scham war mein ständiger Begleiter. Ich sagte mir, dass ich ein Misserfolg sei und der Versuch, mich zu bessern, nicht erfolgreich gewesen sei. Daher sollte ich diesen Misserfolg akzeptieren. So konnte ich weiter scheitern. Dieselbe Stimme, die mich zu den positiven Veränderungen ermuntert hatte, war auch die, die mich dazu überredete, in meine alten Gewohnheiten zurückzufallen, und auch die Stimme, die später meine Schamgefühle hervorrief. Dieser Stimme habe ich immer vertraut, weil ich sie so gut kannte. Ich glaubte alles, was sie sagte, und tat, was sie mir auftrug. Danach ertrug ich, von ihr ausgeschimpft zu werden, da ich das Gefühl hatte, das auch verdient zu haben. So lebte ich über viele Jahre in einem Teufelskreis aus Beleidigungen und Selbsthass. Ich habe ihr immer vertraut, weil sie ich war.

Nur jetzt, als ich auf die Bestellbestätigung in meinem Posteingang sah, wusste ich, dass ich diese Stimme nicht mehr hören wollte. Und ich wollte unter keinen Umständen, dass dieser Ausrutscher zu einem Rückfall wurde.

Es war lange her, dass ich einen Blackout-Einkauf gemacht hatte. Manche Leute nennen es Impulskauf, aber für mich fühlte es sich wirklich wie ein Blackout an. Als wäre ich für 60 Sekunden in ein Koma gefallen und mit Amnesie und einem Attest wieder aufgewacht. Als ich die Bestätigungs-E-Mail dieses Mal in meinem Posteingang sah, hörte ich überraschenderweise eine neue Stimme in meinem Kopf. Sie klang nicht wie irgendjemand, den ich bisher gehört hatte. Außer dass sie ein bisschen panisch war, klang sie fröhlich und ermutigend.

Du brauchst keinen neuen E-Reader! Deiner ist noch völlig in Ordnung! Egal, ob du eine Nadel brauchst, um ihn mit dem Reset-Knopf einzuschalten. Was macht das schon? Sonst funktioniert er gut! Er muss noch nicht ersetzt werden.

Die Stimme schloss mit einem Rat, den ich nie zuvor gehört hatte: *Sieh zu, ob du die Bestellung stornieren kannst!*

Das war für mich ein neuer Impuls – einer, der mir helfen würde, Geld zu sparen, anstatt es auszugeben, und Freude an dem zu haben, was ich hatte, anstatt zu denken, dass ich mehr Glück kaufen konnte. Ich war besorgt, dass es nicht funktionieren könnte. Es war wohl das erste Mal in meinem Leben, dass ich versuchte, eine Bestellung zu stornieren, und der Gedanke, es wäre vielleicht nicht möglich, ließ mein Herz rasen. Aber es klappte, und ich stornierte, beziehungsweise löschte, den E-Reader aus der Bestellung und kaufte den, den ich auf meinem Blog verschenken wollte. Danach stieß ich einen so lauten Seufzer der Erleichterung aus, dass ich hätte schwören können, meine Nachbarn konnten es durch die Wände hören. Selbst wenn es so gewesen wäre: Sie hätten jedoch niemals erraten, dass ich mich einfach davon abgehalten hatte, Geld für etwas auszugeben, das ich nicht brauchte.

So dankbar ich auch war, dass ich meinen Fehler ausmerzen konnte, so grübelte ich doch die nächsten zwei Wochen darüber, ob ich versagt hatte. Gelegentlich bekam ich Besuch von der alten Stimme. Sie kam mit nur einer Absicht: mir einzureden, dass ich mich für das, was ich getan hatte, schämen müsste. Und bis zu einem gewissen Grad war sie im Recht. Einen Moment lang hatte ich schließlich den Shopping-Bann gebrochen. Es fühlte sich so an, als hätte ich versagt. Ich hatte es fast fünf Monate ohne irgendwelche unnötigen Einkäufe geschafft. Warum habe ich mich selbst dazu überredet, die Regeln jetzt zu brechen? *Ich habe 162 Tage mit dem Verbot gelebt. Sollte ich inzwischen nicht geheilt sein?*

Ich hätte die Scham wieder bei mir einziehen lassen, mich wie eine Versagerin fühlen und den Shopping-Bann insgesamt aufgeben können. Aber ein Ausrutscher machte mich nicht zu einem schlechten Menschen. Ich war nicht schlecht. Was ich tat, war nicht schlecht. Ich bin nur ausgerutscht. Und ich wusste, dass ich nicht rückfällig werden und wieder in den Teufelskreis von Selbsthass geraten wollte. Das gab nur Ärger. Der einzige Weg, um das zu vermeiden, war, das Futter für die Scham zu streichen: Heimlichkeit. Keiner wusste, wie schlecht ich mich für all die Dinge fühlte, zu denen ich mich überredet hatte. Ich musste diesen Fehler zu einem eigenen Thema machen. Ich musste ehrlich sein, meinen Lesern gestehen, was ich getan hatte.

In einem Blogpost mit dem Titel »Die hartnäckigste schlechte Angewohnheit loswerden« teilte ich die E-Reader-Story und schrieb darüber, wie mir klar geworden war, dass eine meiner schlimmsten Gewohnheiten darin bestand, mich zu Sachen zu überreden, von denen ich wusste, dass ich sie nicht tun sollte. Und das war die Wahrheit. Noch härter war jedoch, mir klarzumachen, dass ich mich dafür nicht schämen musste. Anzuerkennen, dass mich eine falsche Entscheidung nicht zu einem schlechten Menschen machte. Mich damit auszusöhnen, menschlich zu sein. Die Stimme versuchte, mich zu überreden, bloß nicht den Ver-öffentlichen-Button zu drücken. *Willst du wirklich der Welt mitteilen, dass du versagt hast? Dass du schwach bist?* Aber daran war nichts Schwaches. Die Tatsache, dass ich in der Lage war, mein Tun zu erkennen, mir bewusst zu machen, dass diese Handlung nicht mit meinem Willen übereinstimmte, und mein Handeln zu ändern, zeigte mir, dass ich Fortschritte gemacht hatte. Es war eine Herausforderung und eine Lernerfahrung zugleich, wie man mit einem Ziel vor Augen bewusst lebte. Ich wollte zu einer bewussteren Konsumentin werden. Ich wusste, dass ich keinen neuen E-Reader brauchte. Einen anzuschaffen wäre eine Impulshandlung gewesen, und daran war nichts Bewusstes.

Es würde immer Beeinflussungen von außen geben. Werbeanzeigen und -filme würden nicht verschwinden. Ich konnte Einkaufszentren und Online-Stores nicht für immer meiden. Und ganz egal, wie viele Konten ich löschte, so würde ich doch immer Dinge auf den sozialen Netzwerken sehen. Sogar die Kleidung oder die Outdoor-Ausstattung auf den Bildern meiner Freunde haben theoretisch das Potenzial, mich zu beeinflussen. Ebenso wie die Listen, die jeder in seinem Blog veröffentlichte, welche aktuellen Bücher ich lesen sollte. Und Leute würden immer Kommentare abgeben. Sie würden immer an meinem Projekt herummäkeln und versuchen, die Risse in meinem bisschen Willenskraft zu vertiefen, da Leute immer kommentieren müssen, wenn sich jemand für einen Lebensstil gegen den Mainstream entscheidet. Ich konnte das nicht verhindern, genauso wenig, wie ich verhindern konnte, dass mich irgendetwas dazu veranlassen würde, eine Geldausgabe in Erwägung zu ziehen. Es wird immer Beeinflussungen geben, aber ich konnte meine Reaktionen darauf ändern – und diese Veränderung musste jetzt beginnen.

6

Dezember: Neue Rituale einführen

Alkoholabstinenz: *23 Monate*
Gespartes Gehalt: *10 Prozent (wieder den ganzen Monat unterwegs gewesen)*
Entsorgter Besitz: *54 Prozent*

Ein paar Tage nach dem Black Friday setzte ich mich wieder in eine Maschine und flog nach Toronto zum Arbeiten.

Die Arbeit war inzwischen so etwas wie ein wunder Punkt für mich geworden. Als ich vor über zwei Jahren bei dem Unternehmen anfing, waren wir ein kleines sechsköpfiges Team. Wir arbeiteten vom Wohnzimmer der CEO aus, was für mich an meinem ersten Arbeitstag ein ziemlicher Schock war. *Hatte ich meinen Job im öffentlichen Dienst gekündigt, um auf der anderen Seite des Landes in einem Wohnzimmer zu arbeiten? An meinem eigenen Computer? Ernsthaft?* Aber der Schock legte sich schnell, als ich feststellte, dass sich meine Anstrengungen für ein so kleines Unternehmen direkt auszahlten. Als ich im öffentlichen Dienst arbeitete, machten mir die Langsamkeit dort zu schaffen und die Unsicherheit, ob ich wohl jemals erfahren würde, ob meine Arbeit überhaupt jemandem wichtig war, und falls ja, wem eigentlich. Hier hingegen hakten wir jeden Tag konkrete Punkte von unserer To-do-Liste ab, und jeder davon war wichtig. Wir konnten die Zahlen nachvollziehen, die Daten analysieren und sehen, dass unsere Arbeit wichtig war. Das war aufregend und fühlte sich gut an.

Damals brachte jeder Tag etwas Neues, das mochte ich. An manchen Tagen war ich Redakteurin, formulierte Content-Strategien und bearbeitete Schreibprojekte. An anderen Tagen textete ich für Infografiken und arbeitete mit freien Grafikdesignern an der Umsetzung. Wieder an anderen Tagen entwickelte ich Großprojekte, für die ich die Unterstützung von mehreren freiberuflichen Autoren brauchte. Ich machte Verträge, verteilte die Aufgaben und erstellte Hunderte von Content-Elementen. Am unvergesslichsten waren jedoch die Tage, an denen wir die Verantwortungsbereiche tauschten. Wenn die Büroassistentin unterwegs war, mussten wir unser Büromaterial und Klopapier bestellen, jeder von uns nahm Anrufe entgegen und wir halfen Usern, sich auf der Website zurechtzufinden, was sich als entweder frustrierender oder unterhaltsamer Teil des Tages herausstellen konnte. Kam die

Chefin spät zu einem Meeting ins Büro, unterhielten wir die vorher angekommenen Gäste. Das Beste war deren Reaktion, wenn sie bemerkten, dass wir von einem Privathaus aus arbeiteten. Uns war das nicht mehr peinlich. Wir entsprachen der exakten Definition eines jungen Start-ups. Es war unwichtig, wo wir arbeiteten, weil unsere Arbeit wichtig war.

Als ich Toronto verließ, um zurück nach British Columbia zu ziehen und vom Homeoffice aus zu arbeiten, waren wir noch immer ein kleines Team. Fünf Leute arbeiteten im Büro und drei ortsungebunden. Inzwischen, zwei Jahre später, war unser Team auf fast 20 Leute angewachsen – und die meisten hatten sich in den letzten sechs Monaten dazugesellt. Die Anzahl der Mitarbeiter vor Ort überstieg nun die der ortsungebundenen Mitarbeiter in einem Verhältnis von einem von »uns« zu vier von »denen«. Mit »uns« meinte ich mich und ein paar Entwickler. Ich glaube nicht, dass es die Entwickler störte, zu den wenigen ortsungebundenen Mitarbeitern zu gehören, wenn sie es überhaupt bemerkten. Es lag in ihrer Natur, für sich zu arbeiten. Außerdem glaube ich, dass sie zufrieden damit waren.

Ich dagegen fühlte mich immer mehr vom Team ausgeschlossen, je größer es wurde. Ich kannte nicht viele der neuen Leute, und die Entfernung machte es fast unmöglich, mit ihnen eine echte Beziehung aufzubauen. Meine besten Versuche bestanden darin, freundliche E-Mails zu schicken, Fragen zu stellen und Meetings zu organisieren, damit wir besser ins Gespräch kommen konnten. Aber wenn wir uns schließlich begegneten, stellte ich fest, dass inzwischen mehr Meetings ohne mich stattgefunden hatten, einfach aufgrund der räumlichen Nähe, die der Rest des Teams miteinander hatte. Wenn du dich bloß über den Schreibtisch lehnen musst, um eine Frage zu stellen oder eine grundlegende Entscheidung zu treffen, warum solltest du das nicht tun? Ich wusste, dass das Sinn machte, aber es kränkte mich trotzdem, nicht in Entscheidungen eingebunden zu sein – vor allem, wenn es meine Projekte betraf.

Es gab natürlich noch weitere Punkte. Die Arbeit selbst war längst nicht mehr so erfüllend und ich merkte, wie es mich nervte, wieder einen Beitrag mit dem einzigen Ziel schreiben zu müssen, im Google-Ranking oben zu stehen. Langsam vermisste ich auch kleine Dinge, wie sich über Neuigkeiten im Privatleben der ursprünglichen Sechsergruppe auszutauschen. Wir waren einmal wie eine Familie gewesen, hatten jede Woche 50 Stunden oder mehr miteinander in einem Wohnzimmer mit richtigen Sofas und einem Kamin verbracht. Büro oder nicht, das war der Raum, in dem die Leute die Beine hochlegten und von sich erzählten – genau wie wir. Im November stellten wir einen Weihnachtsbaum auf, machten Feuer im Kamin und hörten Weihnachtslieder bei der Arbeit. Es war unser kleines Zuhause, weg von Daheim, und ich vermisste es. Jetzt arbeitete das Team in einem Büro an der King Street East, was für das Unternehmen ein wichtiger und riesiger Schritt nach vorne war. Aber ich gehörte nicht dazu. Für sie waren die neuen Räume mit den weißen Wänden und Möbeln toll, aber ich fühlte mich bei Besuchen immer wie ein Eindringling. So gab es zum Beispiel für mich keinen Schreibtisch mehr. Die kommende Reise änderte daran nichts. Sie machte es nur noch schlimmer.

Ziel der Reise war die Firmenweihnachtsfeier. Unsere erste Weihnachtsfeier hatte im Rahmen meiner letzten sechswöchigen Sauforgie stattgefunden, bevor ich im Jahr 2012 mit dem Trinken aufhörte. Das kann als Anhaltspunkt dafür gelten, dass es um mein Benehmen damals nicht zum Besten stand. Es war die Nacht, in der ich mich offenbar dreimal umgezogen hatte, um mich schließlich für ein Kleid zu entscheiden und meine Jeans einfach in der Bar zurückzulassen. Aber ich war immer eine gut gelaunte Trinkerin, weshalb ich am folgenden Morgen SMS-Nachrichten meiner Kollegen vorfand, in denen sie mir versicherten, wie »süß« und »witzig« und »lustig« ich in der letzten Nacht gewesen sei. Ich konnte gut trinken und gut Party machen. Ich fand es schrecklich, wenn ich mich an Teile dieser Nacht nicht mehr erinnerte, aber die SMS bestätigten meinen Blackout und eben, dass ich gut mit dabei gewesen war.

Für unsere zweite Weihnachtsfeier im Jahr 2013, die auch die erste Party seit meiner Abstinenz war, flog ich zurück. Ich kaufte ein türkisfarbenes Kleid und ein paar schwarze Lackleder-High-Heels für diese Gelegenheit. *So sollten 28-jährige Frauen auf Partys angezogen sein*, dachte ich, als ich das Kleid im Laden anprobierte. Als ich jedoch auf der Party ankam, fühlte ich mich wie der einzige Mensch in einem Raum mit lauter Erwachsenen, der nur so tat, als ob er erwachsen sei. Alle tranken und lachten und fielen vom Hocker und wirkten trotzdem superstylish. Ich trank nichts und fühlte mich in diesem Outfit kein bisschen wie ich selbst. Ich spürte, dass ich hier nicht mehr hingehörte. Ich verbrachte den Großteil der Party in der Küche mit ein paar Freunden und blickte über ihre Schultern, neidisch darüber, wie viel Spaß alle ohne mich hatten.

Als ich schon zwei Jahre trocken war und an meiner zweiten nüchternen Weihnachtsfeier teilnahm, fühlte ich mich besser. Auf dieser Feier fand ich zwar den Gedanken, die einzig nüchterne Person im Raum zu sein, nicht sehr prickelnd, aber ich freute mich, Zeit mit allen zu verbringen, vor allem mit der ursprünglichen Sechsergruppe. Ich versuchte, mich unter die neuen Teammitglieder zu mischen, aber ich konnte das nicht mehr so gut. Niemand würde mir am nächsten Morgen eine SMS schicken, um mir zu versichern, dass ich süß, witzig oder lustig gewesen sei. Ich versuchte es trotzdem. Ich wollte sie kennenlernen. Im Lauf der Unterhaltung erwähnten ein paar Leute, dass sie meinen Blog gelesen hatten. Eins von den neuen Mädchen sagte sogar, dass sie ihn seit Jahren lese. Sie vertraute mir an, dass sie davon selbst zu einem sechsmonatigen Shopping-Bann inspiriert worden war, zählte die paar Sachen auf, die sie in der Zeit kaufen durfte, und berichtete von der finanziellen Entlastung, die ihr das schon gebracht hatte. Wir unterhielten uns weiter über Dinge, für die wir früher Geld verschwendet hatten, und was wir über uns lernten, wenn wir gleichzeitig ausmisteten. Das meiste mussten wir uns über die Musik hinweg zuschreien, aber es fühlte sich so gut an, mit jemandem über diese Themen sprechen zu können – vor allem, da ich mich seit so vielen Monaten nicht mehr mit dem Team verbunden fühlte.

Ein paar von uns lenkten die Unterhaltung in Richtung Bar. Einer der Unternehmensaktionäre machte den Barmann für uns. Er war groß, erfolgreich und freundlich, strahlte aber genug Autorität aus, sodass ich mich von ihm immer etwas eingeschüchtert fühlte. Ich meine, er war einer der Gründe dafür, dass ich einen Job hatte. Er war einer der Menschen, die mich bezahlten und für die es okay war, mir jedes Jahr mehr zu zahlen, und für die es sogar okay war, dass ich zurück nach British Columbia zog und von dort aus weiterarbeiten konnte. Ich hatte Respekt vor ihm. Als ich an der Reihe war, trat ich vor, und er fragte mich, was er mir geben könne. »Cait trinkt nicht mehr!«, rief eine meiner Kolleginnen, gerade als ich um eine San-Pellegrino-Limonade bitten wollte, die ich hinter der Cola Light entdeckt hatte. Es sah nicht so aus, als machte es ihm etwas aus, dass ich nicht trank. Es war ihm egal, was ich bestellte. Er griff nach der Dose, fragte, ob ich ein Glas mit etwas Eis wollte, und das war das Ende des Gesprächs.

Ihm war es egal, aber mir war es nicht egal.

Wenn andere Leute dein Trockensein verkünden, fühlt es sich an, als ob sie den Schleier lüften und der Welt dein dunkelstes Geheimnis verkünden, nämlich dass du schwach bist. Genauso gut könnte man auf die Stirn einer gerade erst trocken gewordenen Person schreiben »Ich habe meinen Alkoholkonsum nicht im Griff« oder einfacher: hoffnungsloser Fall. Das würde auch gehen. In Situationen wie auf so einer Party fühlst du dich auf einen einzigen Satz reduziert und bist nichts mehr als Bürotratsch. Im Übrigen bitten die wenigsten um die Erlaubnis, dies zu tun. Aus irgendeinem Grund fühlen sich viele Menschen gut, wenn sie dein Trockensein verkünden, als würden sie erzählen, was sie zum Lunch hatten. Was dabei vielleicht übersehen wird, ist, dass es sich bei dem einen um eine Wahl handelt und bei dem anderen um eine Überlebensstrategie.

Ich wünschte, ich könnte behaupten, dass ich mich in zwei Jahren mit meinem Trockensein so angefreundet hätte, dass ich derlei Situationen lachend übergehen oder schlagfertig das Thema wechseln könnte. Aber an diesem Punkt war ich noch nicht angelangt. Was meine Kollegin da gerufen hatte, verletzte meine Gefühle und machte mir bewusst, dass das alles war, was ich jemals für sie sein würde: eine Neuigkeit, über die man sprechen konnte. Ich wollte aber nicht, dass die Leute sich an mich als an die Trockene erinnerten. Ich war nicht nur die Trockene. Ich war viel mehr als das, oder?

Ich verließ die Party frühzeitig und beeilte mich am nächsten Morgen, zum Flughafen zu kommen. Ich wollte nach Hause.

Als ich in Vancouver gelandet war, holte ich mein Auto vom Langzeitparkplatz und fuhr direkt zur Fähre. Es dauerte normalerweise vier Stunden, um nach Hause zu kommen, einschließlich einer langen Wartezeit am Hafen, einer 95-minütigen Überfahrt und weiteren 30 Minuten Fahrt zu meinem Elternhaus. Viele Einheimische nahmen nicht gern die Fähre, weil es so zeitaufwändig war, aber mir machte es nie etwas aus. Ich verbrachte die meiste Zeit im Auto, las ein Buch, sah mir einen Film auf dem Laptop an oder schlief. Ich habe schätzungsweise wohl mindestens 50 Stunden meines Lebens schlafend auf British-Columbia-Fähren verbracht.

Ich hatte beschlossen, den Rest des Dezembers in Victoria zu verbringen. Keiner dort stellte mein Trockensein oder meinen Shopping-Bann infrage oder irgendeine der anderen Aufgaben, die ich mir stellte. Sie unterstützten mich und freuten sich über jede Veränderung in meinem Leben – vor allem meine Familie.

Ich weiß, dass es für manche Menschen unvorstellbar wäre, über die Feiertage zwei Wochen in einem winzigen Gästezimmer im Haus ihrer Eltern zu verbringen. Nachdem ich mit den Familien meiner Freundinnen und meiner Exfreunde eine gewisse Zeit verbracht hatte, wusste ich, dass unsere Familie und die Nähe zueinander nicht der Norm entsprachen. Was ich als Kind für selbstverständlich gehalten hatte, war etwas ganz Besonderes, das ich jetzt wie einen Schatz hütete. Alli wohnte immer noch zu Hause und studierte an der hiesigen Universität, und Ben würde in den Ferien für zwei Wochen von der Universität in Alberta nach Hause kommen. Wir würden die Feiertage wieder unter einem Dach verbringen und ich konnte mir nichts Besseres zum Jahresende vorstellen.

Vor allem war ich gespannt, wie Weihnachten für uns im Jahr meines Shopping-Banns aussehen würde. Obwohl ich mich nie als besonders religiös bezeichnen würde, war Religion immer ein Bestandteil meines Lebens. Als Kinder besuchten wir alle drei christliche Kindertagesstätten. Wir gingen eine Zeit lang in die anglikanische Kirche, kurz nachdem Mom meinen Dad kennengelernt hatte. Seine Familie stammte aus England. Die meisten meiner Freundinnen besuchten die christliche Kirche in unserer Straße, und ich begleitete sie sonntagmorgens, wenn ich bei ihnen übernachtet hatte. In den ersten paar Jahren an der Highschool gehörten ein paar Freunde und ich einer Jugendgruppe dieser christlichen Kirche an, die sich jeden Donnerstagabend traf.

Trotzdem fühlte ich mich keiner Religion eng verbunden. Ich fand die Zeremonien und die Traditionen sehr schön, die Predigten berührend und bedeutsam, und die Kirchenlieder weckten in mir das Bedürfnis, so laut zu singen, wie ich nur konnte, damit mich jeder hörte. Aber keine Religion hat mich jemals wirklich eingenommen oder brachte mich dazu, gutwillig ihre Dogmen zu akzeptieren. Ich will meiner Familie nichts unterstellen, aber ich denke, dass man von allen Beteiligten sagen kann, dass Religion in unserer Erziehung keine große Rolle gespielt hat – und in unseren Leben keine mehr spielte. So war Weihnachten für uns kein religiöser Feiertag. Aber es gab Geschenke. Oh ja, es gab immer Geschenke.

Das erste Weihnachten, an das ich mich erinnern kann, erlebte ich mit vier Jahren. Mom, meine Tante und ich waren von Victoria nach Windsor, Ontario, geflogen, um meine Großmutter und die riesige Verwandtschaft zu besuchen. Zu dieser Zeit war ich noch das einzige Kind und das einzige Enkelkind meiner Großmutter. Keine Frage, dass ich verwöhnt wurde. Ich wachte am Weihnachtsmorgen auf und fand das ganze Wohnzimmer gefüllt mit Geschenken.

Weihnachten war den ganzen Rest meiner Kindheit immer ähnlich, vor allem, als unsere Familie von einem Kind auf drei angewachsen war. Geschenke quollen unter dem Baum hervor, waren auf Couchtischen und Beistelltischchen gestapelt und sogar in den Ecken des Wohnzimmers. Das war das Jahrzehnt, in dem die Werbeindustrie einen Zahn zulegte, Kreditkarten immer beliebter wurden und der Konsum mehr und mehr um sich griff. Die Leute wollten größere Häuser, bessere Autos, die neueste Mode und von allem mehr. Sogar Madonna sang über die *Material World*, in der wir lebten. Daher wunderte es mich nicht, dass unsere Weihnachtsfeste so üppig ausfielen, genauso wenig, wie ich glaubte, dass meine Eltern uns beibringen wollten, dass darin der Sinn der Feiertage bestand. Stattdessen fühle ich mich schlecht dabei, dass sie sich da in etwas hineinziehen ließen. Ich fühle mich schlecht dabei, dass sie ihre schwer verdienten Dollar für Dinge ausgaben, die wir wahrscheinlich nicht brauchten. Streichen Sie das – Dinge, die wir mit Sicherheit nicht brauchten. Es war nicht ungewöhnlich, dass wir im Frühjahr oder Sommer ganz hinten in unseren Schränken Dinge fanden, die dort seit dem 26. Dezember lagen.

Zum Glück hat sich mit unserem Heranwachsen die Tradition, das Wohnzimmer mit Geschenken anzufüllen, nicht erhalten. Mom verabschiedete sich von dem Gedanken, dass sie für jeden von uns dieselbe Summe ausgeben und darauf achten musste, dass jeder von uns gleich viel Geschenke bekam, die man am Weihnachtsmorgen öffnete. Wir wünschten uns nur ein paar Dinge, die wir brauchten, und an dem Tag ging es weniger um Geschenke als um die gemeinsam verbrachte Zeit. Auch wenn meine Shopping-Bann-Regeln mir gestatteten, anderen Geschenke zu kaufen, regte das Verbot im Lauf dieses Jahres wichtige Gespräche in unserer Familie an.

Ich gebe zu, dass ich in den ersten Monaten des Shopping-Banns davon ausging, dass mit dem Herannahen der Weihnachtszeit auf meiner Wunschliste eine ganze Reihe Dinge zusammenkommen würden. Sicher würde ich neue Klamotten brauchen oder ein paar neue Bücher wollen. Stattdessen war das genaue Gegenteil der Fall, und es gab nur eines, was ich wirklich brauchte: ein paar neue Schuhe. Als Mom Alli und Ben fragte, was sie wollten, fielen ihre Antworten ähnlich aus. Sogar als Studenten waren sich beide einig, dass es nichts gab, was sie wirklich brauchten. Wir waren alle so weit, dass wir uns kaufen konnten, was wir wollten, und fühlten uns nicht gut dabei, einfach Geld in Form von Barem oder Gutscheinen hin und her zu schieben.

Vor diesem Hintergrund hatten Mom und ich als Erstes die Idee, in diesem Jahr überhaupt keine Geschenke zu machen. Aber nicht jeder war so schnell dabei. Vor allem meine Großmutter konnte den Gedanken nicht ertragen, ihren Enkeln nichts zu Weihnachten zu schenken. Sie wollte es nicht übertreiben, aber uns etwas schenken. Es war Tradition, sagte sie, und sie hatte recht. In den ersten 28 Jahren meines Lebens war es Tradition und natürlich all die Jahre, die sie schon auf der Welt war. Traditionen sind die Wurzeln von Familien, wodurch wir uns als Mitglieder eines Stammes erkennen. Der Gedanke, diese Wurzeln dem Boden zu entreißen, würde all dies ungeschehen machen, und man müsste neue entwickeln und von vorne anfangen. Natürlich würde diese Idee auf einigen Widerstand treffen.

Schließlich fanden wir einen Kompromiss. Anstatt dass alle die üblichen Hunderte oder sogar Tausende Dollar für Geschenke ausgaben, sammelten wir 700 Dollar, die wir durch sieben teilten, uns fünf, meine Tante und meine Großmutter. Die Regeln, für was wir das Geld ausgeben durften, waren denkbar einfach: Wir durften uns nur Dinge wünschen, die wir wirklich brauchten, und jeder durfte nicht mehr als 100 Dollar dafür beanspruchen. Der

Einkaufsprozess war schmerzfrei, da wir dem Zusatzstress aus dem Weg gegangen waren, durch überfüllte Einkaufsstraßen zu hetzen und überlegen zu müssen, wer was wollte. Als wir am Weihnachtsmorgen aufwachten, sah das Wohnzimmer fast genauso aus wie am Abend zuvor, nur mit ein paar Geschenken unter dem Baum und halb vollen Weihnachtsstrümpfen. All die Jahre zuvor sind wir ins Wohnzimmer geeilt, um Geschenke auszupacken, und hatten den Rest des Tages irgendwie verbracht. An diesem Morgen bereiteten wir gemeinsam das Frühstück zu und frühstückten als eine Familie. Dann verbrachten wir ein paar Minuten damit, unsere Geschenke auszupacken, und bedankten uns mit innigeren und herzlicheren Umarmungen als je zuvor.

Als wir fertig waren, packten wir unsere Yorkshire Terrier Molly und Lexie ein und fuhren hinunter zum Willows Beach. Das Wetter war herrlich für einen Spaziergang in der warmen Sonne und die Luft gerade kalt genug, dass man den Atemhauch sehen konnte. »Die Mädels«, wie wir sie nannten, rannten den Strand rauf und runter mit all den anderen Hunden, mit deren Besitzern wir uns Frohe Weihnachten wünschten. Dann nahm Alli ihre Kamera und das Stativ, und zum allerersten Mal machten wir Familienfotos. Ich wiederhole: zum allerersten Mal. Wir hatten Familienfotos gemacht, als es nur Mom, Dad und mich gab. Wir hatten weitere Fotos gemacht, als Alli geboren wurde. Aber als Ben auf die Welt kam und in all den Jahren dazwischen haben wir uns nicht ein einziges Mal vor eine Kamera gestellt und jemanden gebeten, Bilder von uns zu machen. Diese Bilder am Strand wurden nicht perfekt. Hinter uns war das Gegen-

licht etwas zu stark, sodass unsere Gesichter dunkler aussahen als in echt. Die Mädels zappelten, um sich aus Dads
Armen zu befreien. Und der Aufnahmewinkel sorgte irgendwie dafür, dass Alli größer aussah als ich, obwohl ich eigentlich fast 13 Zentimeter größer bin. Aber die Bilder fingen
das schönste Weihnachten ein, das wir jemals hatten. Sie
fingen auch das letzte Weihnachten ein, das wir gemeinsam
verbrachten.

7

Januar:
Regeln neu definieren

Alkoholabstinenz: *24 Monate*
Gespartes Gehalt: *56 Prozent*
Vertrauen darin, das Projekt erfolgreich abzuschließen:
90 Prozent

Am Neujahrsabend fuhr ich nach Port Moody zurück und lud Kasey ein, in meinem Apartment mit mir zu feiern. Wir richteten ein paar Teller mit Käse, Kräckern, Gemüsesticks und Desserts an, tranken sprudelndes Mineralwasser und sahen uns Weihnachtsfilme vor dem Kamin an. Ich weiß, dass ich auch für Kasey sprechen kann, wenn ich sage, dass wir uns gegen 22 Uhr glücklich trennten und beide vor Mitternacht schliefen. Zu dieser Zeit war das genau das, was ich von einer Party erwartete.

Der Januar entwickelte sich zu einem ruhigen Monat. Ich hatte nur eine Reise vor mir: fünf Tage beruflich in Toronto. Das würde mir nicht nur ermöglichen, mehr Zeit zu Hause zu verbringen, ich würde auch mehr Geld sparen. Ich war glücklich mit meinen Fortschritten in der ersten Hälfte des Shopping-Banns – durchschnittlich hatte ich 19 Prozent meines Einkommens gespart. Verglichen mit den 10 Prozent oder weniger (ich muss zugeben, dass es meistens weniger war), die ich vorher jeden Monat gespart hatte, fühlte es sich gut an. Aber ich wusste, dass ich noch mehr schaffen konnte. Immer wenn ich zum Arbeiten nach Toronto flog, bestanden meine einzigen Ausgaben in Essen und Ausgehen – Dinge, die ich mit Freunden unternahm in den Stunden, die ich nicht im Büro war. Mitte Januar blieben die meisten in dieser Zeit zu Hause, um so den kalten Winden, die durch die Straßen des Häusermeers zogen, zu entkommen. Das hieß, dass ich auf dieser Reise den größten Teil meiner Freizeit zusammengerollt auf der Couch meiner ehemaligen Mitbewohnerin und ihrem Hund Charlie verbringen wollte. Mein Herz und mein Portemonnaie waren bereit dafür.

Als ich in Jens Apartment ankam, traf ich auf eine mir vertraute Szene. Schwarze Müllsäcke standen überall herum. Einer neben dem anderen gegen die Wand in ihrem Flur gelehnt, von der Eingangstür bis zum Wohnzimmer. Oben an der Treppe auf dem Weg zu den Schlafzimmern standen noch mehr Säcke sowie Plastikbehälter und Kartons. Keine Ahnung, was darin alles war, und doch wusste ich *genau,* was darin alles war: Zeug, von dem Jen beschlossen hatte, dass sie es nicht mehr in ihrem zweistöckigen Apartment haben wollte. Sie war am Entrümpeln.

Jen und ich sind zusammen in Victoria aufgewachsen. Unsere Eltern wohnten nur ein paar Blocks voneinander entfernt, und so gingen wir, als meine Familie in dieses Viertel zog, von der dritten Klasse an in dieselbe Schule. Wir hatten Pyjamapartys und spielten als Kinder Basketball zusammen. Unsere Interessen führten uns in der Highschool in unterschiedliche Richtungen, aber wir fanden uns am College wieder und waren seither sehr eng miteinander. Ich besuchte sie kurz nach meiner Trennung von Chris im Jahr 2008 in Toronto, und ich wusste bald, dass das eine Stadt war, in der ich mehr Zeit verbringen wollte. Als ich im Jahr 2012 für das Finanz-Start-up zu arbeiten begann, lud mich Jen zu sich in das Gästezimmer ihres mietpreisgebundenen Apartments ein. Nun durfte ich immer bei ihr wohnen, wenn ich in die Stadt kam. Jens Heim fühlte sich wie mein Heim an, und sie war für mich mehr Schwester als Freundin.

Jedoch erst, als ich zwischen den Säcken und Kisten ihrer Entrümpelungsaktion stand und jedes Teil begutachtete, das Jen behalten wollte, verstand ich langsam, wer sie wirklich war. Da waren Bilder in selbst abgeschliffenen und restaurierten Rahmen, Tische und Sideboards, die sie genauso aufbereitet hatte. Manche hatten Schubladen, die sie mit Tapete ausgekleidet oder in knalligen Farben gestrichen hatte. Drucke und Fotoalben, in denen sie unvergessliche Momente aus Urlauben mit Freunden festgehalten hatte. Eine riesige Uhr, auf der zwölf aufgeklebte Vintage-Tassen und -Unterteller festgeklebt waren. Der Zeiger klickte für jede Stunde an einer Tasse vorbei. Und eine Tafel, die immer mit neuen Zitaten und Zeichnungen verziert war. *Wie konnte ich nur übersehen, wie kreativ Jen war? Wie talentiert, fantasievoll und charismatisch sie war? In den 20 Jahren, die wir uns kannten und sogar zusammengewohnt hatten, wie konnte mir das entgehen?*

Ich nahm diesen Gedanken mit zurück nach Hause und überlegte, warum ich in meinem Leben nie kreativer gewesen bin. Mit Sicherheit lag es nicht an einem Mangel an Talent oder Kreativität in meiner Familie. Als Mom jung war, hatte sie immer eine Gitarre dabei. Sie hatte sich sogar am College für ein Musikstudium beworben und war angenommen worden. Aber sie entschied sich, stattdessen nach Toronto zu ziehen, später nach Vancouver und dann nach Victoria. Doch ihre Gitarre nahm sie mit, und man sah sie immer spielen. Ich erinnere mich daran, wie sie spielte und dazu sang, als ich Kind war. Mom liebte Rock 'n Roll, und wenn sie nicht selbst Musik machte, hörten wir Aerosmith, Guns N' Roses, Led Zeppelin, Pearl Jam, Pink Floyd und Tragically Hip. Wenn sie nicht da war, machte ich manchmal den Gitarrenkasten auf und klimperte über die Saiten, nur um zu sehen, wie es sich anfühlte, Musik zu machen.

Mom ist jemand, die immer etwas zu tun haben muss. Kurz nach meiner Geburt mieteten meine Tante und sie ein Ladengeschäft in der Lower Johnston Street in Victoria, in dem heute eine der angesagtesten Boutiquen der Stadt ist. Hier verkauften sie Stoff am laufenden Meter und selbst designte Sachen: Kinderkleidung, T-Shirts, Leggings und Kleider, schön drapiert auf Kleiderbügeln. Meine Tante stellte Quilts her und verkaufte sie hier. Im Nachhinein scheint es mir, dass meine Mom sich nie für lange Zeit von ihrer Nähmaschine entfernte. Kleidung, die sie für mich nicht im Secondhandladen finden konnte, nähte sie selbst – einschließlich der ausgefallensten Halloween-Kostüme, die sich ein Kind nur wünschen konnte. Als ich vier Jahre alt war, verkleidete sie mich als Mini Mouse mit den Handschuhen, den Schuhen, den Ohren und der Schleife. Mit acht war ich eine blonde Prinzessin Jasmin aus dem geliebten Film *Aladdin*. Kostüme waren offenbar ihre Spezialität, denn sie nähte auch welche für Alli sowie ihre Röcke fürs Eiskunstlaufen und die Kleidchen für die Wettbewerbe. Aus Letzteren machte sie ein kleines Geschäft und wurde schnell zur gefragtesten Schneiderin im Eislaufklub.

Mein Dad war genauso, doch seine Kreativität bezog sich mehr aufs Bauen. Das Haus, in dem wir aufwuchsen, war das Haus, in dem auch er aufgewachsen war. Er und Mom hatten es gekauft, als seine Mom in Rente ging und nach Wales zog. Sein Geschick konnte man in jedem Raum erkennen. Man sah immer noch dünne Linien an der Kellerdecke aus der Zeit, als er seinem Vater geholfen hatte, Mauern einzureißen, um einen offenen Raum zu schaffen. Er machte aus der Garage in eine voll funktionsfähige Küche, als meine Grandma aus Ontario wegzog und eine Zeit lang bei uns lebte. Als seine Mutter starb, verwendete er seine Erbschaft, um eigenhändig eine 80 m² große Garage zu bauen. Er verkleinerte die quadratische Terrasse am Haus, dann löste er sie schließlich ganz auf und zementierte eine neue im Hinterhof. Als das Abflusssystem erneuert werden musste, buddelte er einen Graben um das ganze Haus und machte die Arbeit selbst. Er entfernte auch den Putz, schnitt neue Verkleidungen zu, strich sie und baute sie ein. Er ersetzte alle Fenster und installierte zwei Holzöfen. Mein Dad ist etwas spontan. Sobald er ein Problem entdeckte, überlegte er sich eine Lösung und begann mit der Arbeit – und machte alles, wie es sich gehörte, nicht weniger.

Der Unterschied zwischen uns war, dass er wirklich ein Problem löste. Ich kaufte nur Dinge in der Absicht, ein Problem eines Tages zu lösen, aber eines Tages kam nicht sehr oft.

Eigentlich ist es nicht überraschend, dass meine Eltern ihre jeweiligen Stärken vereint haben und noch mehr kreative Lösungen für den Haushalt in petto hatten – vor allem, was das Kulinarische betraf. Mein Dad baute Gartenbeete in der Größe von Doppelbetten, und wir pflanzten Gemüse in verschiedensten Formen, Farben und Größen an. Kürbis, Zucchini, Salatgurken, Kartoffeln, Rote Bete, Karotten, Tomaten und Kräuter. Ich kann mich noch gut daran erinnern, wie ich mit einer Schere in der Hand hinaus zu den Beeten lief, meine Zehen in die Erde grub und Schnittlauch für das Abendessen erntete. Die rechte Seite des Hofs war von einer Reihe Obstbäume begrenzt. Von hinten: Apfel, Birne, Pflaume, drei Kirschbäume – Pfirsich und Nektarinen gleich neben dem Haus. Auf der linken Seite des Hofs noch mehr Apfelbäume und wuchernde Brombeersträucher und Loganbeerenhecken, die vom Nachbarn herüberwuchsen. Im Frühling verbrachten wir unsere Wochenenden mit Obst ernten und es einzukochen – eine Meisterleistung in unserer winzigen Küche, in der wir uns ständig umeinander herumquetschen mussten. Wenn der Herbst kam, kochten wir Brombeermarmelade (noch immer meine Lieblingssorte) und backten und froren genug Apfel-, Blaubeer- und Brombeerkuchen ein, damit es bis Weihnachten reichte. Mein Dad machte die Kruste und meine Mom die Füllung. Es war immer Teamarbeit.

Meine Eltern waren stolz darauf, alles selbst machen zu können. Warum habe ich das nicht auch so gemacht? Warum habe ich mich nicht mehr dafür interessiert und war kreativer und habe ihre Fähigkeiten übernommen? Warum konnte ich nichts schätzen, was sie gemeinsam für uns getan hatten? Diese Fragen für sich alleine waren schon drückend genug. Sie wurden jedoch zur Obsession, als Alli mich anrief und mir mitteilte, dass sie befürchtete, dass sich unsere Eltern scheiden lassen würden.

Ich hätte niemals gedacht, dass meine Schwester eines Tages sagen würde: »Ich glaube, Mom und Dad lassen sich scheiden.«

Manche Kinder sehen es kommen. Sie wachsen heran und hören die Eltern ständig streiten, leben in einem Haus voll Anspannung. Manche Kinder wissen vielleicht sogar, dass es so schrecklich ist, dass sie sich beinahe wünschen, dass ein Ende in Sicht ist. In dem Haus, in dem wir herangewachsen sind, war das nicht so. Ich hätte niemals gedacht, dass der Tag kommen würde, an dem meine Schwester diese Worte sagen würde.

Sie rief mich weinend an und schluchzte so sehr, dass ich sie ständig daran erinnern musste, Atem zu holen. Ich bat sie, sich zu beruhigen und mir alles zu erklären, aber ihre Worte ergaben keinen Sinn. Zwischen dem Luftholen erzählte sie mir, dass sie keinen Beweis hatte, sondern nur ein Gefühl. Sie hatte zufällig ein paar seltsame Unterhaltungen mitbekommen, sah im ganzen Haus kleine Zeichen, die sie etwas vermuten ließen, aber sie hatte keinen Beweis. Trotzdem konnte ich sie nicht vom Gegenteil überzeugen.

Ich konnte für all das keine Erklärung finden. Im Dezember hatte Mom mich gefragt, ob ich im Februar nach Victoria kommen könnte, um mich um die Hunde zu kümmern, falls sie und Dad eine Reise nach Kuba machten. Sie waren dabei, einen Termin zu finden, und mein Dad musste Urlaub bei seiner Arbeit einreichen, aber sie würden sich bald entscheiden. Dieses Gespräch hatte vor nur drei Wochen stattgefunden, nach dem besten Weihnachten, das wir jemals hatten. Wie konnte sich seitdem alles so drastisch verändert haben? Es war unmöglich. Alli musste sich irren.

Ich bat sie, mich auf dem Laufenden zu halten, und sagte ihr, dass sie mich jederzeit anrufen sollte. Das tat sie, und sie hatte recht – es schien, dass alles vorbei war. Victoria war lediglich eine Überfahrt mit der Fähre entfernt. Ich musste nur öfter mal zu Hause anrufen und sehen, was ich aus den Gesprächen herauslesen konnte. Mom schien zunächst glücklich, von mir zu hören, wurde aber dann zurückhaltend. Mein Vater war untypischerweise ruhig. Der Mann, der zu allem etwas zu sagen hatte, hatte plötzlich kaum mehr etwas über irgendetwas zu sagen. Wir wurden von einer Familie, die immer über alles gesprochen hatte, zu einer, die über das Wetter sprach.

Alli machte eine Phase durch, in der sie dachte, dass sie das Problem war. Sie rief mich an, weil sie wissen wollte, ob ich glaubte, alles würde besser werden, wenn sie mehr im Haushalt half und bessere Noten hätte. Wieder bat ich sie, sich zu beruhigen, und sagte ihr, dass sie tun solle, was auch immer ihr helfen könne, aber dass sie nicht das Problem sei. Was auch immer zwischen unseren Eltern passierte, es war nicht ihr Fehler. Ich wusste nicht wieso, aber ich wusste, dass das stimmte.

Ich erzählte Alli nichts von den Fragen, die mir durch den Kopf gingen. Das ist der Fluch, die Älteste zu sein, vor allem mit einem Abstand von acht und zehn Jahren: Du musst die Last der Probleme deiner jüngeren Geschwister tragen, ebenso wie die deiner eigenen. Sie kommen zu dir aus einem Grund. Du sollst sie nicht abschirmen, aber beschützen. Du sollst sie vor Verwirrung und Schmerz schützen, und so schleppst du ihre und deine eigene Bürde. Nur dass niemand ahnt, dass du auch deine Verwirrung und deinen Schmerz hast. Niemand ahnt, dass dich etwas belastet.

Ich machte mir keine Gedanken darüber, ob ich Teil des Problems war. Nicht, weil ich der Meinung war, dass ich perfekt sei oder meine Eltern sich niemals mit meinem Pubertätsgehabe auseinandersetzen mussten. Aber jetzt war ich erwachsen. Wir alle waren erwachsen. Es war unmöglich, dass Alli, Ben oder ich Teile des Problems waren. Ich fragte mich jedoch, was ich zur Lösung beitragen konnte. Auch wenn es im Moment nur eine Notlösung wäre, würde ich es tun. Wir waren als Familie auf verlorenem Posten, und ich würde alles dafür tun, um alle zurück ins Boot zu holen und wieder auf Kurs zu bringen.

Das war die Rolle, die ich in unserer Familie immer übernommen hatte. Mit meinem Dad, der das halbe Jahr über unterwegs war, wuchs ich mit dem Auftrag heran, dass ich immer bereit sein musste, die Ärmel hochzukrempeln und wenn nötig zu helfen. Alli und Ben trugen nicht diese Verantwortung. Sie mussten Geschirr spülen und den Müll raustragen. Ich musste auf sie aufpassen. Ich war nicht eines der Kinder – ich war die dritte Erwachsene. Das hat mich nie gestört. Ich hatte geglaubt, dass es mich nie gestört hat. Aber die Vorstellung, dass meine Eltern sich trennten, brachte mich zurück in die Realität, die lautete, dass ich eines ihrer Kinder war und ich nicht wollte, dass dies passierte. Ich wollte, dass meine Familie zusammenblieb.

Je mehr ich spürte, wie mir alles entglitt, desto mehr fragte ich mich, warum ich nicht alles, was meine Eltern gemeinsam getan hatten, zu schätzen gewusst hatte. Warum hatte ich mir von meiner Mutter nie beibringen lassen, wie man näht? Erinnerungen an meine Nähprojekte in der Highschool, wie ich sie bat, mir zu helfen – nein, wie ich sie bat, es für mich zu machen –, erfüllten mich mit Traurigkeit. Warum hatte ich nicht wenigstens zugeschaut bei dem, was sie gemacht hatte? Interesse an ihren Interessen gezeigt? Sogar überlegt, eine mir nützliche Fähigkeit zu erlernen? Und warum hatte ich meinem Dad nicht erlaubt, mir beizubringen, wie man einen Ölwechsel macht? Warum hatte ich nicht wenigstens zugeschaut, wie er es machte? Interesse an seinen Interessen gezeigt? Sogar überlegt, eine mir nützliche Fähigkeit zu erlernen? Was hatte ich stattdessen getan?

Ich wusste die Antwort auf die letzte Frage: Ich zahlte für Dinge. An einem bestimmten Punkt zwischen dem Erwachsenwerden, der digitalen Revolution, dem Teil sein von etwas, das ich gerne die Pinterest-Generation nannte (in der alle Dinge mögen, die neu sind und zusammenpassen), und meinem Auszug, um alleine zu leben, zahlte ich für Dinge. Ich hatte mich entschieden, nichts von den Fähigkeiten meiner Eltern zu erlernen, weil ich wusste, dass ich stattdessen für alles bezahlen konnte – bei günstigen Preisen obendrein. Ich setzte Bequemlichkeit über die Erfahrung, etwas selbst in der Hand zu haben. Das spiegelte meine Arbeitsethik nicht wider und entsprach nicht ganz der Wahrheit bezüglich aller Fähigkeiten meiner Eltern, die sie weitergaben. Ich konnte kochen und backen und hatte geholfen, auf Alli und Ben aufzupassen und das Haus jahrelang sauber zu halten. Aber warum sollte ich eigenes Gemüse anbauen, wenn ich es im Supermarkt die Straße runter günstig kaufen konnte? Warum sollte ich Stunden darauf verwenden, ein T-Shirt oder ein Top zu nähen, wenn ich eins für fünf Dollar kaufen konnte? Warum sollte ich Blut, Schweiß und Tränen in die Restaurierung eines Möbelstücks investieren, wenn ich etwas Neues kaufen konnte, das schon gut aussah? Das waren meine jahrelangen Rechtfertigungen vor mir selbst. Wenn ich dafür bezahlen konnte, würde ich es tun – und in der Regel mit der Kreditkarte.

Das Schlimmste war der Gedanke, dass ich Geld ausgegeben hatte, um Zeit zu sparen, und diese dann restlos verschwendet hatte. Als ich 14 oder 15 Jahre alt war, drehte sich mein Leben ums Fernsehen. Ich wusste, wie viele meiner Lieblingsserien jeden Tag liefen, und plante meinen Tagesablauf entsprechend. Montag, Donnerstag und Sonntagabend waren ausgefüllt mit mindestens zwei oder drei einstündigen Programmen, sodass ich für sonst nichts Zeit hatte, es sei denn, jemand wollte zu mir kommen, um gemeinsam mit mir schauen. Festzuhalten ist hier, dass Freitag und Samstag nicht auf dem Terminplan standen. Es war, als hätten die Sendeanstalten gewusst, dass ich an diesen Abenden feiern gehen musste. Sogar an anderen Abenden der Woche wollte ich lieber rechtzeitig zu Hause sein, um meine Lieblingsserien zu sehen.

Meine Fernsehsucht wurde schlimmer, als die Staffeln meiner Lieblingsserien auf DVD erschienen. Es war mir egal, dass ich jede Folge schon gesehen hatte. Ich wollte sie alle noch einmal sehen – und ich tat es oft mehr als einmal. Das war so ungefähr die Zeit, als der Begriff *Serienmarathon* aufkam, und genau damit habe ich meine Zeit verbracht. Ich saß in einer Ecke des braunen Ledersofas in unserem Keller so lange, bis schließlich der Bezug einriss. Das Schlimmste von allem war, dass meine erste Ausrede meinen Eltern gegenüber, warum ich nicht helfen oder von ihnen etwas lernen konnte, lautete: »Ich habe zu viel zu tun.« Ich hatte nicht zu viel zu tun, um mir *O. C. California* so oft anzusehen, dass ich fast alle Dialoge aller vier Staffeln mitsprechen konnte. Aber ich hatte zu viel zu tun, als dass meine Eltern ihr Wissen an mich hätten weitergeben können. Ich hatte zu viel zu tun, um mehr Quality Time mit ihnen zu verbringen, ich hatte zu viel zu tun, um gemeinsame Erinnerungen zu schaffen.

Ich wusste, dass ich nicht die Einzige war, die »das« tat – »das« war, vor der Glotze zu sitzen und die »Ich habe zu viel zu tun, um irgendetwas anderes zu machen«-Ausrede zu verwenden. Überraschenderweise habe ich gelernt, dass es nicht nur eine Eigenheit meiner Generation war, sondern viele Leute verändert hat, seit elektronische Geräte einen dominanteren Platz in unseren Leben eingenommen haben. An der Universität gehörte Medien- und Kulturwissenschaften zu meinen Lieblingskursen, und meinen ersten Aha-Moment im Lauf meiner Semester hatte ich bei einer Seminararbeit zum Thema »Wanderungsbewegungen von Zuschauern zwischen einzelnen Programmen« (engl.: Audience Flow). *Flow* ist in der Mediensprache ein anderer Begriff für Konditionieren und wird eingesetzt, um den gleitenden Übergang von einer Serie zur anderen zu beschreiben (inklusive Werbepausen). Die Sender setzen den Flow ein, um sicherzustellen, dass man bei genau diesem Sender bleibt. Die kurze Vorschau am Ende einer Serie, in der angedeutet wird, was einen als Nächstes erwartet, gibt es nur aus einem Grund: Konditionierung – und sie wird eingesetzt, um dich vom Zappen abzuhalten. Und sie hat bei mir jahrelang funktioniert.

Eines der besten Resultate aus meinem »finanziell am Anschlag sein« war, dass ich im Jahr 2011 gezwungen war, meine Ausgaben zu reduzieren, was dazu führte, dass ich meinen Kabelanschluss kündigte. Ich habe diese Entscheidung niemals rückgängig gemacht, und ich kann mir nicht vorstellen, dass ich es je tun werde. Kein Kabelanschluss mehr gab mir Zeit, die ich für meinen Abschluss verwendete, um meinen Blog zu starten, meine Karriere voranzutreiben und nebenher freiberuflich zu arbeiten. Und zu alledem konnte ich auch noch ausgehen, mit Freunden wandern und mehr Zeit mit den Menschen verbringen, die ich mochte. Ich hatte nie »zu viel zu tun«. Mein gesamtes früheres Tun bestand in Entscheidungen, mit was ich beschäftigt sein wollte. Ich hatte Fernsehen als oberste Priorität vor menschliche Kontakte gesetzt und im Gegenzug kostbare Zeit mit ihnen verloren. Ich wollte keine weitere Minute verlieren. Ich beschloss, dass die Zeit reif war, meine Eltern um die Hilfe zu bitten, die sie mir bereits einmal angeboten hatten.

Es ging los an einem Tag, von dem ich wusste, dass er schließlich eines Tages kommen würde. Ich wusste, dass an irgendeinem Punkt in diesem Jahr mit weniger ein Tag kommen würde, an dem etwas von mir abgetragen sein, auseinanderfallen oder kaputtgehen würde und ich es ersetzen müsste. Am Ende war das Erste, was kaputtging, eine Pyjamahose

– meine einzige. Ich bin irgendwo hängen geblieben, und der Saum riss auf. Mein erster Impuls: wegwerfen. Es war eine billige Pyjamahose aus billigem Material aus einem der Billigläden in der Stadt mit den Wühltischen. Ich durfte mir eine neue kaufen. Solange ich das Alte wegwarf, konnte ich alles ersetzen, was ersetzt werden musste. Das war eine der Regeln, und es würde nicht viel kosten.

Stattdessen folgte ich einem anderen Impuls und bat die Frauen in meiner Familie um Hilfe – meine Mutter, meine Tante, meine Großmutter und Alli. »Könnt ihr mir, wenn ich nächsten Monat nach Hause komme, das Nähen beibringen?« Sie waren freudig überrascht. »Natürlich!«, antworteten alle.

Von da an stellte ich unzählige Fragen. *Woher weiß man, welcher Faden der richtige ist? Was passiert, wenn man einen Fehler macht? Darf ich mir deine Nähmaschine ausleihen und sie mit nach Port Moody nehmen, um es auszuprobieren? Könnte ich sie irgendwie kaputtmachen? Wann ist die richtige Zeit im Jahr, um Salatgurken zu pflanzen? Und wie sieht es mit Kohl, Paprikaschoten und Tomaten aus? Glaubst du, dass ich ein Hochbeet auf meiner Terrasse anlegen könnte? Wie groß müssten die Paletten sein? Was für Erde brauche ich? Muss ich düngen? Was glaubst du, wie viel das kosten wird? Wann sollte ich die Beeren ernten, um Marmelade zu kochen? Eher Anfang August oder zum Ende hin oder noch später? Wie lange dauert es, Marmelade zu kochen? Brauche ich das ganze Wochenende, oder kann man es an einem Tag schaffen? Und wie ist das richtige Verhältnis von Beeren und Gelierzucker? Kannst du mir sagen, wie man kompostiert? Glaubst du, dass ich einen kleinen Kompost auf meiner Veranda haben darf? Was mache ich damit, wenn er voll ist? Kompost wird bei uns nicht abgeholt.* Und so weiter und so weiter. Ich klang wie ein Kleinkind, das versuchte zu verstehen, wie die Welt funktionierte.

Außer meine Eltern mit Fragen zu löchern, tauchte ich ab ins Internet und fand etwas, an das ich zuvor nicht gedacht hatte. Als ich zuerst mit dem Shopping-Bann begann, schrieb ich, wie ich den Minimalismus hochhalten und lernen wollte, mit weniger zu leben. Zu diesem Zeitpunkt hatte ich 54 Prozent meiner Besitztümer aus meinem Apartment geschleppt, ein paar Dinge von der genehmigten Shopping-Liste gekauft und mich davon abgehalten, Dinge zu kaufen, die ich nicht brauchte. Das fühlte sich minimalistisch genug an. Ich hatte verstanden, was »weniger« war, und konnte fast das Licht am Ende des Tunnels sehen. Ich war sicher, die Ziellinie erreichen zu können, wenn ich so weitermachte, wie ich seit fünf Monaten lebte. Allerdings schien die minimalistische Lebensform in einer Identitätskrise zu stecken. Als ich nach Tipps suchte, wie man ein Beet anlegt, weniger Müll verursacht und autark lebt, war ich überrascht, den Begriff *Minimalismus* auch in diesen Beiträgen zu finden – nur dass er mit dem Begriff *Einfaches Leben* austauschbar war. Alle Artikel, die ich darüber las, erinnerten mich an meine Kindheit. Ich stellte mir vor, wie ich auf den Küchentisch blickte, der beladen war mit selbst gemachten Pasteten, und den Küchenschrank rappelvoll mit Eingemachtem. Ich wollte das wieder. Ich brauchte das wieder.

Also stellte ich noch mehr Fragen und recherchierte, bis ich zu dem Schluss kam, dass ich ein paar Regeln des Shopping-Banns ändern musste, um ein einfacheres Leben führen zu können. Ich wollte Zubehör für ein Hochbeet kaufen, damit ich selbst etwas anbauen konnte. Ich wollte mir alle Zutaten für selbst gemachte Kerzen zulegen, damit ich für mich etwas

Hübsches und Nützliches schaffen konnte. Und ich wollte lernen, wie man Putz- und Hygieneartikel herstellt, einschließlich Haarshampoo und Pflegespülung, um zu beweisen, dass es möglich war, dabei weniger Chemikalien zu verwenden. Auf meinem Blog schrieb ich, dass ich »den Einsatz erhöhte«, von mir noch mehr forderte, und das war keine Lüge. Aber die Wahrheit war: Ich hatte die Regeln geändert, um etwas von dem Leben zurückzubekommen, das ich einmal hatte.

 ## Neue Regeln für den Shopping-Bann

Was ich kaufen darf:

- Lebensmittel
- Kosmetik und Hygieneartikel (erst wenn sie aufgebraucht sind)
- Geschenke für andere
- Dinge von der genehmigten Shopping-Liste
- Gartenzubehör
- Zutaten zur Herstellung von Putzmitteln/Waschmittel
- Zutaten zur Herstellung von Kerzen

Was ich nicht kaufen darf:

- Coffee to go
- Kleidung, Schuhe, Accessoires
- Bücher, Zeitschriften, Notizbücher
- Sachen für die Wohnung (Kerzen, Dekoartikel, Möbel usw.)
- Elektronikgeräte
- Küchenutensilien (Frischhaltefolie, Alufolie usw.)
- Reinigungsmittel/Waschmittel

8

Februar: Die Zukunft loslassen

Alkoholabstinenz: *25 Monate*
Gespartes Gehalt: *53 Prozent*
Reduzierte Besitztümer: *um 60 Prozent*

Anfang Februar reiste ich alleine nach New York City. Es war meine dritte Reise in diese Stadt, und sie würde die unvergesslichste werden. Was Reiseziele angeht, habe ich erfahren, dass man New York City so billig oder so teuer kennenlernen kann, wie man will. Für diese Reise setzte ich Bonusmeilen ein, um Geld beim Flug zu sparen, und schlief auf der Couch meiner Freundin Shannon, um das Geld für die Übernachtung zu sparen. Außer für Kaffee, Essen und eine Liftfahrt zum Top of the Rock gab ich keinen Cent aus. Und das konnte ich auch nicht, da ich ja nicht shoppen durfte.

Unvergesslich wurde die Reise, weil zwei weitere Freunde zur gleichen Zeit in der Stadt waren. Leanne war eine gute Bekannte, ebenfalls aus der Finanzsparte, die in London lebte. Was als Kontakt zwischen zwei Bloggern begonnen hatte, die gegenseitig ihre Posts kommentierten, wurde zu einer Freundschaft zwischen zwei Frauen, die sich ausführliche E-Mails über Geld, Arbeit und Beziehungen schrieben. David war ein kanadischer Blogger, den ich erst vor einem Jahr kennengelernt hatte. Er schrieb originell und sensibel und zeigte viele neue Wege auf, über Geld, Arbeit und das Leben nachzudenken. Die Tatsache, dass wir alle drei gleichzeitig für ein paar Tage am selben Ort waren, schien ein glücklicher Zufall. Das ist die Magie von New York City.

Leanne und ich waren als Touristen unterwegs: Wir fotografierten den Sonnenuntergang über der Stadt von der Aussichtsplattform des 30 Rock, saßen auf dem Boden in der Grand Central Station und schossen noch mehr Fotos aus dieser Perspektive. David und ich gingen einige Meilen zu Fuß, als wir vom East Village zum West Village immer entlang der High Line spazierten, durch Chelsea und zurück zum East Village – und dabei drei Kaffeepausen einlegten. Es war einer der kältesten Februare, die jemals verzeichnet wurden, aber das war mir egal. Ich hätte es vielleicht nicht einmal bemerkt, wenn ich nicht ständig meine Handschuhe ausgezogen hätte, um auf mein Telefondisplay zu schauen.

Die ganze Zeit über in New York schickte mir Alli Updates von Zuhause. Als Kinder hatten wir gelernt, nichts von kleineren Streitereien und Sorgen zu erzählen, wenn einer aus der Familie verreist war, besonders wenn Dad zur Arbeit auf See war. Wer nicht da war, konnte ja nichts dazu beitragen, die kleinen

Alltagsprobleme zu lösen, und davon zu hören, würde demjenigen nur Stress und Sorge bereiten. Ich fand immer, dass dies ein gutes Rezept für alle Fernbeziehungen war. Aber jetzt war es anders. Alli hatte sonst niemanden, mit dem sie sprechen konnte. Sie hatten niemanden, mit dem sie ihre Sorgen, wie über Mom oder Dad, teilen konnte, – über Gespräche, die sie beunruhigten. Ich musste sie beruhigen. Darum erlaubte ich ihr, sich weiter bei mir zu melden. Auch wenn meine Finger immer, wenn ich die Handschuhe für ein Telefonat mit ihr auszog, klamm wurden. Auf dem Rückflug wusste ich, dass ich nach Victoria musste, um selbst nachzusehen, was da los war.

Meine erste Nacht im Elternhaus war ruhig. Unsere Gespräche drehten sich hauptsächlich um meine Arbeit und meine Reise nach New York. Der nächste Tag war auch in Ordnung. Wieder ruhig, es schien, als wäre es wie immer – Alltag. Meine Eltern saßen am Morgen gemeinsam am Küchentisch, Mom machte sich für die Arbeit fertig und Dad las die Zeitung. Sie tranken ihren Kaffee und Tee, unterhielten sich und lachten sogar. Am dritten Tag sah ich sie wieder bei ihrer morgendlichen Routine und fragte mich langsam, über was Alli sich solche Sorgen machte.

An diesem Nachmittag arbeitete ich im Esszimmer und kritzelte rasch Notizen auf einen Block, den ich mir aus der Küche mitgenommen hatte. Als ich keinen Platz mehr hatte, drehte ich die Seite um und fand ein loses Blatt Papier, das in den Block geschoben war. Es war zur Hälfte gefaltet, oben stand als Überschrift: »Wie wir unsere Sachen aufteilen.«

Mir stockte der Atem. Dann wurde es schwummrig im Zimmer, meine Sicht vernebelte sich, und nichts war mehr wie zuvor.

Als ich alles auf diesem Papier gelesen hatte, wusste ich es. Unsere Eltern ließen sich scheiden. Dann ging ich mit dem Zettel aus dem Esszimmer durch die Küche den Flur entlang und in Allis Zimmer, schloss die Tür und gab es ihr mit zitternden Fingern. Sie schrie auf, und wir brachen beide in Tränen aus. Alli hatte recht gehabt. Ihre Ängste und Zweifel waren gerechtfertigt. Ihr Bauchgefühl war richtig gewesen. Ich lag falsch. Ich dachte, es wäre unmöglich, weil wir erst zwei Monate zuvor unser schönstes Weihnachten überhaupt gehabt hatten. Ich dachte, es wäre unmöglich, weil unsere Eltern an diesem Morgen gemeinsam am Küchentisch gelacht hatten. Ich dachte, es wäre unmöglich, weil wir es waren. Unsere Familie. Die Familie, die über alles sprach. Unser Motto war immer: »In der Flanders-Familie gibt es keine Geheimnisse.« Und nun stellte sich heraus, dass es eins gab. Das größte Geheimnis war nicht mehr geheim, und jetzt mussten wir alle damit umgehen.

Ich möchte nicht im Einzelnen darauf eingehen, warum meine Eltern sich getrennt haben oder wie dies sie selbst oder meine Geschwister getroffen hat. Diese Art von Geschichten will ich nicht erzählen. Aber ich kann erzählen, wie es für mich war. Nachdem ich den Zettel gefunden und ihn Alli gezeigt hatte, gaben wir ihn unseren Eltern und hatten *das* Gespräch. Danach ging jeder seiner Wege und versuchte, für sich damit klarzukommen, was diese Neuigkeit für ihn bedeutete – eine Neuigkeit, die wir niemals durch einen Zettel hätten erfahren dürfen – alles, was ich spürte, war Zerstörung.

Ich fuhr zum Haus meiner Freunde Travis und Pascal, um mich beim Spielen mit ihren Kindern abzulenken. Aber sobald sie im Bett waren, rollte ich mich auf ihrer Couch zusammen und begann zu weinen. Stellte mir laut Fragen wie: *Wie geht's weiter? Was wird mit dem Haus?* Es gehörte unserer Familie seit den Fünfzigerjahren des letzten Jahrtausends, und seit 1994 fand mein Leben darin statt. Bevor Mum meinen Dad traf, war unser Leben alles andere als beständig. In den ersten sieben Jahren meines Lebens wechselten wir siebenmal das Apartment. Zu jedem neuen Schuljahr musste ich die Schule wechseln und manchmal sogar mitten im Jahr. Erst nachdem Alli geboren war, zogen wir in dieses Haus und lebten hier. Manchmal tauschten wir die Schlafzimmer oder stellten Möbel um. Wir gingen jedoch niemals weg. Für den Rest der ersten Schuljahre durfte ich in derselben Grundschule bleiben. Ich besuchte eine Highschool und konnte Freundschaften schließen, die länger als zehn Monate dauerten. Unsere Tür stand Familie und Freunden immer offen, es kam immer jemand vorbei. Und egal, wohin ich zog oder reiste, ich wusste, dass ich in dieser Welt ein Zuhause hatte. Wir durften das nicht verlieren. Ich durfte das nicht verlieren.

Dann begann ich laut zu jammern, dass alles wieder anders werden und es allen gut gehen sollte. Meine Gedanken waren plötzlich in der Zukunft, und ich sorgte mich um meine Eltern, die im Alter alleine wären. Ich wollte nicht, dass sie sich trennten, aber ich wollte vor allem nicht, dass einer von ihnen alleine war. Was würde mit den Hunden passieren? Oh Gott, oh Gott, die Hunde. Ich konnte den Gedanken nicht ertragen, dass die Hündinnen auf ihre alten Tage sich noch einmal umstellen mussten. Sie konnten schon jetzt nicht gut mit Veränderungen umgehen. Wie würden sie reagieren?

Mein Weinen verwandelte sich in tiefes Schluchzen, wenn ich daran dachte, was die Scheidung mit meinen Geschwistern anstellen würde. Ich hatte mich mein ganzes Leben lang um Alli und Ben gekümmert und versucht, sie anzuleiten und vor Verwirrungen und Schmerz zu schützen, wann immer ich konnte. Ich wusste, dass jeder von uns mit dieser Situation anders umgehen würde, und ich betete darum, dass wir so neutral wie möglich bleiben und unsere Familie nicht noch mehr spalten würden, indem wir uns auf eine Seite schlugen. Aber ich konnte sie dieses Mal nicht anleiten. Sie mussten ihre eigenen Grenzen erkennen, ihre eigenen Regeln aufstellen und mit ihren eigenen Gefühlen klarkommen. Ich konnte sie vor den Folgen nicht schützen. Wie auch sie mich nicht schützen konnten – dies hatte noch nie zu ihren Aufgaben gezählt.

Meine letzten Tränen vergoss ich um mich. Ich hatte es nicht kommen sehen. Trotz Allis Bemerkungen und Befürchtungen war ich darauf nicht vorbereitet. Scheidung stand in unserer Familie nicht auf der Tagesordnung. Ich war auch jetzt nicht darauf vorbereitet. In diesem Jahr, das bereits so viele persönliche und berufliche Veränderungen und Herausforderungen mit sich gebracht hatte. Bei alldem hatte ich immer darauf zählen können, dass meine Familie für mich da war. Unser Haus. Meine Eltern. Meine Halbgeschwister. Meine einzigen Geschwister. Die Hunde. Das war alles, was mir wichtig war, und es passte alles unter ein Dach. Was, wenn wir niemals wieder alle unter demselben Dach sein würden? Wie konnte das passieren?

Auf meinem Weg zurück zum Haus meiner Eltern, ich fuhr gerade den Malahat hinunter – ein steiles Stück des Highway 1, das sich um den Berg windet und Victoria vom Rest von Vancouver Island trennt –, bekam ich keine Luft mehr. Schweiß tropfte in meinen Nacken, und ich hatte den plötzlichen Drang, zur Seite zu fahren und mir die Bluse herunterzureißen. Das ging jedoch nicht. Der Malahat war in beide Richtungen nur einspurig, und es gab keine Möglichkeit, rechts rauszufahren. Mein Herz begann zu rasen, und das Lenkrad war ganz glitschig vor Schweiß. *Atme, Caitlin. Tief einatmen, tief ausatmen. Du bist gleich da.* Während der nächsten viereinhalb Meilen sagte ich mir das wieder und wieder. *Tief einatmen, tief ausatmen. Du bist fast da. Du bist fast da. Du bist fast da.* Sobald ich den Highway verlassen hatte, fuhr ich an die Seite, sprang aus dem Auto und rollte mich auf der Straße zusammen. Den kühlen Asphalt unter meinem Körper zu spüren half mir, langsamer zu atmen. Dann nahm ich mein Telefon und rief Clare in Denver an. »Meine Eltern lassen sich scheiden«, flüsterte ich. »Und ich habe eine Panikattacke.«

Es war nicht das erste Mal, dass ich eine Panikattacke hatte – und auch nicht das erste Mal, dass ich Clare dabei anrief. Die ersten beiden hatte ich im Jahr 2004: Eine am zweiten Tag meines neuen Jobs und eine weitere am Morgen des dritten Tages. Ich sah in beiden ein Zeichen, dass es nicht der richtige Job für mich war, und ging nie wieder hin. Die dritte hatte ich im Jahr 2013, als ich im Zug vom Zentrum St. Louis nach Lambert St. Louis Airport fuhr. Vor der Reise hatte ich rund um die Uhr gearbeitet, manchmal 15 Stunden am Tag vor dem Computer. Nachdem ich ein paar Tage freigenommen hatte, um sie mit Freunden bei einer Bloggerkonferenz zu verbringen, fürchtete ich, wieder in dieses Muster zu verfallen. Im Zug spürte ich die vertrauten und beängstigenden Symptome hochkommen. Atemnot, Schweiß tropft in meinen Nacken, Herzrasen. *Atme, Caitlin. Tief einatmen, tief ausatmen. Du bist gleich da.* Als wir am Flughafen ankamen, sprang ich auf den Bahnsteig, ließ meine Taschen fallen und rief Clare an. Ich nahm es als ein Zeichen, dass ich weniger arbeiten und gesünder leben sollte.

Ich weiß nicht, warum ich dieses erste Mal Clare anrief. Wir hatten nie zuvor telefoniert, nur Mails und SMS ausgetauscht. Aber irgendetwas sagte mir, dass sie der Mensch war, den ich brauchte. Beide Male, als ich sie anrief, gab sie mir denselben Rat: Leg den Kopf zwischen deine Knie und atme. *Tief einatmen, tief ausatmen.* Sie wiederholte dieses Mantra, bis ich durchatmen konnte, in Tränen ausbrach und sie von vorne anfangen musste.

Dieses Mal, als ich mich schließlich beruhigte, öffnete ich meine Augen und sah mich um, wo ich mich befand. Ich lag in der winzigen Ausfahrt einer Seitenstraße, mein Auto vor mir und eine Reihe neu gebauter Häuser zu meiner Linken. Ich wusste, warum ich Clare dieses Mal angerufen hatte. Nicht nur, dass sie meine schuldenfreie Sober Sally war, ihre Eltern hatten sich auch kürzlich scheiden lassen. Solidaritätsschwester. Ich lag im Dunkeln und starrte auf die Straßenlampe über mir, als Clare mir Fragen stellte, auf die ich keine Antworten wusste und feststellen musste, dass dies erst der Anfang der Reise war. Diesen Zettel zu finden war nur der erste Haltepunkt auf der Karte. Diese Panikattacke war ein Zeichen, dass ich nicht bereit war für das, was noch kommen würde.

In den nächsten Tagen versuchten meine Eltern, es so aussehen zu lassen, als wäre alles in Ordnung. Sie saßen morgens gemeinsam am Küchentisch und aßen gemeinsam zu
Abend. Ich weiß nicht, wer sich mehr bemühte – wir oder
sie –, aber jedes Gespräch fühlte sich eher an, als ob vier Leute versuchten, gemeinsam um den Elefanten in der Mitte
des Zimmers zu tanzen, als nach einer Familie, die sich nur
unterhält. Wir sprachen über Allis Schule und dann über
Bens Schule, aber: *Oh nein, Ben ist nicht hier und weiß von
der Scheidung noch nichts. Wir können nicht über Ben sprechen.
Wenn wir über Ben sprechen, werden wir über die Scheidung sprechen müssen und hören, wann sie es ihm sagen werden. Schnell
weg vom Elefanten.* Dann wechselte jemand das Thema.

Mit der Zeit fühlten sich diese Tänze wie kleine Erfolge
an. Wenn meine Freunde mich fragten, wie es mir ging,
antwortete ich: »Also, wir haben konsequent vermieden,
darüber zu sprechen, und das fühlt sich wie ein Erfolg an.«
Zusammen im selben Raum zu essen war anstrengend. Über
die Nachrichten zu sprechen war anstrengend. Die wirkli-
chen Nachrichten passierten in unserem Haus, aber darüber sprachen wir nie, und das war die größte Anstrengung.
Diese Anstrengungen fühlten sich natürlich schrecklich an.
In unserer Familie hatte es niemals Geheimnisse gegeben.
Wir sprachen über alles und erzählten uns alles. Ich wollte
Fragen stellen und um Antworten bitten und herausfinden,
ob das alles nur ein Riesenmissverständnis wäre. Stattdessen
wachte ich jeden Morgen auf, zog mich an und machte bei
dem Tanz um den Elefanten mit. Es fühlte sich irgendwie
einfacher an, so zu tun, als würde noch eine Weile zwischen
uns alles gleich bleiben.

Ich ertrug es nur noch wenige Tage in Victoria, bevor ich von allem etwas Abstand brauchte. Ich fühlte mich schlecht dabei, Alli hierzulassen, um mit ihnen alleine um den Elefanten zu tanzen und versprach, so oft zurückzukommen, wie ich es aushalten konnte. Jetzt musste ich erst mal alleine sein. Als ich zurück in Port Moody war, versuchte ich mich abzulenken, indem ich mich in die Arbeit stürzte. Jeden Morgen stand ich früh auf, kochte Kaffee und checkte sofort meinen Posteingang. In meinen E-Mails versprach ich, mir neue Projekte auszudenken, mehr freie Autoren zu suchen und den Blog Wochen im Voraus zu planen. Mittags saß ich jedoch steif auf meinem Stuhl und starrte an meinem Bildschirm vorbei ins Leere. Der Nebel, der sich an dem Tag, an dem ich den Zettel gefunden hatte, im Haus meiner Eltern verbreitete, hatte mich nach Hause verfolgt, und ich konnte nichts mehr erkennen. Gegen 14 Uhr trug ich meist meinen Laptop zur Couch und überzeugte mich davon, dass ich mehr schaffen würde, wenn ich bequem saß. Um 16 Uhr loggte ich mich aus und war froh, wenn ich überhaupt irgendetwas geschafft hatte. Dann aß ich zu Abend und kroch ins Bett.

Mein Bett sollte eigentlich mein Zufluchtsort sein. Nachdem Chris und ich uns vor vielen Jahren getrennt hatten, besorgte ich mir alles, um mein Bett zu meinem Refugium zu machen – ein heiliger Platz, um dem Tag entrinnen zu können. Im Herbst hatte ich schließlich meine 13 Jahre alte Matratze mit dem Geld vom Konto des Shopping-Banns ersetzt.

Emma und ich nannten neue Betten mit sauberer Bettwäsche Marshmallow. Und in sie hineinzuschlüpfen bedeutete, dass wir einen Marshmallow-Status erreicht hatten. Ich schickte ihr diesen Code täglich kurz nach dem Abendessen in einer SMS. Um 19 Uhr war das Geschirr gespült, und ich hatte den Marshmallow-Status erreicht. Manchmal starrte ich die Bücher auf meinem Nachttisch an und überlegte, ob ich etwas lesen sollte, während ich in mein Marshmallow eingewickelt war, aber es schien immer zu anstrengend zu sein. Ein Buch in die Hand zu nehmen und es vor mich halten zu müssen fühlte sich zu anstrengend an. Also ließ ich sie stehen, ohne etwas zu tun, und rollte mich ein, auch ohne etwas zu tun. Am Anfang sagte mir Emma, dass sie neidisch war, wie viel Zeit ich im Bett verbringen konnte. Ich kündigte es an, als wäre es etwas, auf das man stolz sein konnte – mein größtes Tagesziel. »Ich habe alles erledigt, aus! Marshmallow-Zeit.« Aber sogar mit 75 Meilen Entfernung plus der Zeit auf der Fähre zwischen uns wusste sie, dass ich ein Refugium brauchte, noch bevor ich es wusste. Ich krabbelte jeden Tag ein bisschen früher ins Bett. Mein Büro und mein Wohnzimmer fühlten sich zu offen an. Ich wollte nicht im Freien sein, wollte mich verstecken – vor meinem Leben, vor meiner Familie, vor der Wahrheit. Ich wollte nicht wirklich sein, also ging ich ins Bett, wo ich mich zusammenrollen und so tun konnte, als sei alles in Ordnung. Bald wurde aus 19 Uhr 18 Uhr und aus 18 Uhr 17 Uhr. Emma war wegen meines Verhaltens besorgt. Schließlich nahm ich das Abendessen mit ins Bett und verließ das Schlafzimmer nur, um das Geschirr zu spülen. Es dauerte nicht lange, und ich ließ auch das, und das Geschirr blieb aufgestapelt auf den Büchern auf meinem Nachttisch. Der Tag, an dem ich keinen Platz mehr hatte, meinen Kaffeebecher abzustellen, damit ich vom Bett aus arbeiten konnte, war der erste, an dem ich sauer wurde.

Hektisch stürmte ich zwischen Schlafzimmer und Küche hin und her, trug Teller hinaus und schmiss sie ins Waschbecken. Ich zog das Bett ab und befüllte die Waschmaschine mit Bettwäsche und Waschmittelpulver. Ich putzte das Bad und wischte jede Oberfläche im Apartment. Mein Leben war schon Chaos genug. Ich musste es nicht noch schlimmer machen, indem ich auch noch darin lebte.

Als ich fertig war, ging ich zurück ins Schlafzimmer und sah den Bücherstapel. Es waren dieselben Bücher, die ich dort vor Monaten hingelegt hatte. Ich hatte nur hin und wieder die Reihenfolge verändert, in der ich sie lesen wollte, sie aber eigentlich nicht las. Jedes Mal, wenn ich den Bücherstapel ansah, tat es mir für die Wörter und die Autoren leid, und ich schämte mich dafür, dass ich nicht genug las. Ich liebe Lesen. Ich bin mit Büchern in meinen Händen aufgewachsen. Unterwegs nahm ich immer mindestens drei mit. Aber ich las einfach nicht mehr. Mein Nachttisch wurde zu einer unsichtbaren Ecke in meinem Apartment – ein Ort, an dem du dich an Unordnung gewöhnst, obwohl du dich jedes Mal, wenn du hinsiehst, schuldig fühlst. Ich konnte keine Schuldgefühle mehr ertragen, also brachte ich sie zurück ins Bücherregal, wo sie hingehörten.

In meinem Zuhause hatte jedes Buch sein Zuhause. Meine Regale waren noch immer nach Genre – Fiktion, Biografien, Business und Privatfinanzen – sortiert und dann nach Größe. Es gab sichtbare Lücken, sodass ich jedes zurück ins Regal schieben konnte und die Sammlung vollständig war. Doch als ich die Bücher ansah, bemerkte ich, dass seit meinem ersten Entrümpeln und der Räumungsaktion schon über sechs Monate vergangen waren und ich noch immer Dutzende von

Büchern besaß, die ich nicht gelesen hatte. Tatsächlich gab es da immer noch jede Menge Sachen in meinem Apartment, die ich zwar behalten, aber noch immer nicht benutzt hatte. Ich hätte in einem Blogpost für die Leser auflisten können, was in meinem Schlafzimmer, meiner Küche, meinem Wohnzimmer, meinem Büro und meinem Badezimmer stand. Aber es gab tatsächlich nur zwei Kategorien, die ich sah: Die Dinge, die ich verwendete, und die Dinge, von denen ich wollte, dass die ideale Version von mir selbst sie verwendete.

Die Dinge, von denen ich wollte, dass die ideale Version meiner selbst sie verwendete, waren Sachen, die ich einmal gekauft hatte, in der Hoffnung, dass sie mein Leben oder mich selbst besser machen würden. Da gab es Bücher, von denen ich dachte, dass eine schlaue Cait sie lesen sollte, Kleidung, von der ich dachte, dass eine professionelle Cait sie tragen sollte, Projekte, von denen ich dachte, dass eine kreative Cait sie angehen sollte. Klassische Literatur, das kleine Schwarze, Scrapbook-Material usw. Zu irgendeiner Zeit hatte ich meine Kreditkarte mit Tausenden von Dollar für diesen Kram belastet – Kram, den ich in der Absicht kaufte, ihn zu benutzen, aber nur, weil ich mir eingeredet hatte, es würde irgendwie helfen. Ich war nicht gut genug, aber diese Dinge würden mich besser machen. Ich wollte lesen, schöne Kleidung tragen, alles tun, damit ich ein besserer Mensch würde, von dem ich dachte, dass ich so sein sollte. Diese Dinge in meinem Zuhause zu horten bewies, dass es möglich war. Eines Tages würde ich das alles tun und ein besserer Mensch sein. Nur, dass »eines Tages« nie kam.

Bis zu diesem Zeitpunkt waren die beiden einzigen Fragen, die ich mir gestellt hatte, als ich meine Sachen ausmistete:

Habe ich das in letzter Zeit benutzt? Und: *Habe ich vor, das bald zu benutzen?* Lautete die Antwort Ja, behielt ich es. Wenn ich dachte, dass eine Sache einen Zweck in meinem Leben hatte, behielt ich sie. Meine Freunde fragten mich, wie ich so viele Sachen loswerden konnte, und diese Frage verwirrte mich immer. Von dem, was ich einmal mein eigen nannte, verwendete ich tatsächlich 56 Prozent nicht. Warum sollte es schwierig sein, es loszuwerden? Aber die Sachen, die für die ideale Version meiner selbst blieben, waren anders. Ich konnte nun sehen, was es war, und wenn du erst einmal die Wahrheit erkennst, kannst du sie nicht mehr leugnen. Ich musste die Tatsache akzeptieren, dass ich nie der Typ Mensch sein würde, der las, schöne Kleidung trug und all diese Dinge tat. Aber das bedeutet nicht, dass es einfach war loszulassen.

Ich begann mit den Büchern und stellte mir eine Frage, die ich nie zuvor in Erwägung gezogen hatte: *Für wen hast du das gekauft: Für den Menschen, der du bist, oder den Menschen, der du sein willst?* Diese Frage hätte ich mir stellen sollen, bevor ich jedes einzelne dieser Bücher gekauft hatte. Diese Frage hätte ich mir stellen sollen, bevor ich irgendetwas gekauft hatte. Die Antwort lautete in vielen Fällen, dass ich es für den Menschen gekauft hatte, der ich war, aber es gab mindestens ein Dutzend Bücher, die ich gekauft hatte, weil ich dachte, es wäre die Art von Büchern, die eine schlauere Version meines Selbst lesen würde. Ich ging ins Schlafzimmer und stellte mir dieselbe Frage bezüglich meiner Kleidung, und nachdem ich durch jedes Zimmer gegangen war, hatte ich ein paar kleine Tüten mit Dingen, die ich loswerden wollte. Ich musste die Dinge loslassen, von denen ich wollte, dass die ideale Version meines Selbst sie benutzen sollte, und mich selbst so akzeptieren, wie ich wirklich war.

Als ich damit fertig war, musste ich etwas loslassen, das sogar noch größer war als ich selbst: meine Familie.

Es kam in Wellen. Ich versuchte, den Schmerz mit meiner warmen Daunendecke zu überdecken, dann erinnerte ich mich an etwas anderes, das ich loslassen musste. Der Familienausflug nach Hawaii, den wir geplant hatten, wenn Ben mit seinem Grundstudium in 2019 fertig sein würde. Als Familie hatten wir nur zwei Reisen unternommen: eine nach Disneyland im Jahr 2004 und eine nach Mexiko im Jahr 2011. Nun würden diese beiden Reisen unsere einzigen gemeinsamen bleiben. Dann dachte ich an Lebenssituationen, die ich eigentlich immer für möglich gehalten habe. Ein Haus zu haben, in das Alli, Ben und ich unsere zukünftigen Kinder bringen konnten, wo wir alle unter einem Dach wären. Wie würde es für unsere Kinder sein, wenn sie verschiedene Großelternpaare hätten? Würden wir getrennte Geburtstagsfeiern, Feiertage und Weihnachten haben? Wie würde es bei unseren Hochzeiten sein, falls einer von uns heiraten würde? Würden unsere Eltern überhaupt miteinander sprechen?

Ich bin immer davon ausgegangen, dass es für ein kleines Kind schwieriger ist, wenn die Eltern sich trennen, aber ich habe gelernt, dass das Alter nur die Art und Weise ändert, in der es dich trifft. Wenn du jung genug bist, dass du dich nicht einmal daran erinnerst, wie deine Eltern zusammen waren, ist das alles, was du jemals wissen wirst. Aber wenn du erwachsen bist (und fast ein Co-Elternteil), und du bist in einem liebevollen

Elternhaus aufgewachsen, kann sich die Scheidung deiner Eltern anfühlen, als wäre es deine eigene. Und da gibt es viel, was du loslassen musst, wenn du herausfindest, dass es vorbei ist.

Nachdem ich das Apartment geputzt und noch mehr meiner Sachen ausgemistet hatte, machte ich mein Bett und verkroch mich wieder darin. Dort trauerte ich über den Verlust der Familie, wie ich sie kannte – die Traditionen, die Rituale und die Geheimsprache, die nur wir fünf beherrschten. Diesem Schmerz kam nichts gleich, was ich kannte. Es gab keine Schmerzen oder Stiche. Meine Knochen taten nicht weh. Es fühlte sich nicht wie eine übliche Trennung an. Es war nicht einmal mit einem Todesfall in der Familie vergleichbar. Es war der Tod einer ganzen Einheit und der Zukunft, von der ich dachte, dass wir sie haben würden.

Ich bin immer davon ausgegangen, dass meine Eltern für immer zusammenbleiben würden. Nichts veranlasste mich jemals, etwas anderes zu denken. Und nichts hatte mich darauf vorbereitet, wie ich mit dem Verlust, den die Scheidung mit sich brachte, umgehen sollte. Es gab eine Plattenverschiebung in dem Fels, auf dem wir alle standen, und nun standen wir auf unsicherem Boden. Ich musste alles loslassen, von dem ich einmal dachte, dass es richtig war, und unsere neue Realität akzeptieren. Es war nicht einfach, und ich wusste, dass dies nur der Anfang der Reise war. Also blieb ich etwas länger im Bett, weinte umso heftiger und wiederholte für mich das Mantra immer, wenn ich es brauchte.

Tief einatmen, tief ausatmen.
Tief einatmen, tief ausatmen.

9

März:
Licht am Ende des Tunnels

Monate trocken: *26*
Gespartes Gehalt: *34 Prozent*
Vertrauen darin, das Projekt erfolgreich abzuschließen:
70 Prozent

Ich wünschte, ich könnte sagen, dass ich im Februar, als alles losging, meinen Schmerz hinter mir gelassen hatte. Ich wünschte, ich könnte sagen, dass ich dieses Geheimnis in unserer Familie entdeckt hatte, danach eine Panikattacke erlebte, ein bisschen heulte, dann alles losließ und darüber weg war. Es hätte sich so gut angefühlt, es einzupacken, als den schlimmsten Monat meines Lebens zu betrachten, eine schwarze Schleife darum zu binden und es wegzuschicken, für immer. Natürlich ist es nie so einfach. Wir glauben gerne, dass jeder Monat ein Kapitel in unserem Leben ist, aber dieses zog sich hin, und die Scheidung fraß mich auf. Die Häufigkeit, in der ich zusammenbrach und mitten im Satz aufschluchzte, wurde weniger, aber nur, weil ich vor Schmerz wie gelähmt war. Ich war mit dem Verhandlungsstadium der Trauer durch. Es gab nichts mehr zu verhandeln. Ich wusste, meine Eltern würden ihre Entscheidung nicht rückgängig machen, und es gab nichts, was ich daran ändern konnte. Stattdessen rutschte ich von der Wut direkt in eine Depression.

Ich verwende das Wort Depression nicht leichtfertig. Ich würde es niemals leichtfertig verwenden. Ja, es ist die Bezeichnung für eines der fünf Stadien der Trauer, aber ich weiß, wie ernst Depressionen sind. In meiner Kindheit erlebte ich, wie eine Freundin der Familie mit einer klinischen Depression zu kämpfen hatte, die sie jahrelang lähmte. Es gab auch eine bipolare und manische Depression in unserer Familie. Ich würde niemals die Depression, die man nach einem Verlust empfinden kann, mit diesen Formen der Depression vergleichen. Es ist nicht dasselbe, nicht einmal ähnlich. Aber vielleicht lag es daran, dass ich wusste, wie ernst Depressionen sind, dass ich fast zwei Monate brauchte, um jemandem zu erzählen, wie tief mein Schmerz war.

Ich konnte fast nicht aufstehen – nicht, weil mein Bett ein Zufluchtsort war. Es war nichts Schönes oder Friedvolles daran, in einem seit Wochen ungewaschenen Pyjama unter Decken zu liegen. Aber es gab einfach keinen besseren Platz, um den halben Tag in der Embryonalstellung zu verbringen. Wenn Freunde SMS schickten oder anzurufen probierten, um nachzufragen, wie es mir ging, ignorierte ich sie. *Warum hatte ich so vielen Leuten davon erzählt?*, fragte ich mich. *Ich will nicht mehr darüber sprechen, bitte fragt mich nicht mehr, wie es mir geht,* flehte ich jedes Mal, wenn mein Telefon klingelte. *Es geht mir schlecht, und ich will nicht mehr darüber sprechen.*

Emma und Clare waren die Einzigen, die ich sehen wollte. Emma, weil ich wusste, dass ich ihr alles sagen konnte und sie mich nicht verurteilen würde. Clare, weil ich wusste, dass sie dasselbe durchgemacht hatte. Die meisten Süchtigen, die ich kennengelernt habe, reagieren empfindlich auf Schmerz, deshalb versuchen wir, uns davor zu verstecken. Solange ich ehrlich mit Emma und Clare war, versteckte ich mich nicht vor dem Schmerz – ich wollte nur nicht, dass alle Welt wusste, wie weh es tat.

Je länger ich die anderen ignorierte, umso mehr Trostbotschaften schickten sie. Es waren die üblichen Es-wird-wieder-werden-Bekundungen. Ein paar schickten religiöse und spirituelle Botschaften – Verse aus der Bibel über Sympathie und Stärke und weise Worte über das Loslassen und das Finden von Erfüllung im Buddhismus. Ein Freund empfahl, ich sollte es mit Meditation probieren. Also lud ich eine Entspannungs-App auf mein Handy, um mich anleiten zu lassen. Ich versuchte es nur einmal und fühlte mich so unwohl dabei, mit meinen Gedanken alleine zu sein, dass ich es nach drei Minuten ausschaltete. Es sollten weitere zwei Jahre vergehen, bis ich es wieder probieren und schließlich mit Meditation beginnen würde. In der Zwischenzeit war das Beste an dieser App, dass man auf ihr dem Regen lauschen konnte. Da ich am Nordwestpazifik aufgewachsen bin, fand ich Regen schon immer beruhigend. Ich glaube, das muss man hier, um überleben zu können. Mit dem Handy auf meinem Nachttisch fand ich auf entspannte Weise den ersten erholsamen Schlaf seit Wochen. Vielleicht war Regen meine Religion.

Der beunruhigendste Gedanke, der mich in dieser Zeit umtrieb, betraf nicht die Scheidung selbst, weder Eltern noch unsere Familie oder die Zukunft. Es war der Gedanke ans Trinken. Ich shoppte nicht, dachte nicht einmal ans Shoppen. Ich dachte jedoch ans Trinken. An vielen Abenden musste ich mich beherrschen, nicht hinunter in den Spirituosenladen im Haus zu gehen und eine Flasche Wein zu besorgen. Ich lebe alleine. *Keiner würde es je erfahren.* Und hier war sie wieder: Die Stimme – meine Stimme –, die versuchte, mich zu etwas Schlechtem zu überreden. Sie argumentierte immer heftiger, und ich dachte daran, dass keiner meiner Freunde in der Nähe wohnte und ich in letzter Zeit sowieso alle ignoriert hatte. *Ernsthaft, keiner würde es erfahren.* Wäre ich erst seit ein paar Monaten trocken gewesen, wäre das Risiko, diesen Gedanken nachzugeben, viel höher gewesen. Aber ich wusste, ich hatte auch zuvor schon ohne Alkohol Schmerz überlebt, und war überzeugt, dass ich es wieder könnte. Es war das erste Mal, dass ich überlegte, zu einem Treffen der Anonymen Alkoholiker zu gehen.

Ich kann gar nichts über die Anonymen Alkoholiker sagen, da ich mit ihnen keine Erfahrung habe. Was bei den Treffen passierte, wusste ich nur von den Geschichten, die mein Vater erzählte, und von einem anderen Freund, der sechs Monate vor mir trocken wurde. Mein Dad ging nur im ersten Jahr seines Trockenseins zu den Treffen. Dann, so fand er, war eine weitere Teilnahme an den Treffen zwecklos. Sein Gedanke: Warum in der ewigen Schleife feststecken und über das Leben mit der Sucht sprechen, wenn man auch einfach ausgehen und leben konnte? Der Freund hingegen war mehr als drei Jahre trocken und ging wöchentlich zu den Treffen. Ich glaube nicht, dass die jeweilige Entscheidung richtig oder falsch war, solange sie sich für den Betroffenen gut anfühlte.

Ich hatte nie den Eindruck, dass die Anonymen Alkoholiker für mich das Richtige wären. Ich hätte es höchstens einmal ausgehalten hinzugehen. Wenn man bedenkt, wie oft ich »die Trockene« genannt worden war und mich von der Gruppe ausgeschlossen fühlte, hätten vermutlich ein paar mehr trockene Freunde in meinem Leben nicht geschadet. Ich bin sogar sicher, dass ich mehr trockene Freunde in meinem Leben gebraucht hätte. Aber irgendetwas an den Anonymen Alkoholikern fühlte sich nicht richtig an. Vielleicht war es der religiöse Aspekt. Ich unterstütze keine Dogmen und fühlte mich daher mit den Verhaltensregeln oder dem Zwölf-Schritte-Programm nicht wohl. Ich fand die Reihenfolge richtig, aber sie waren in einer mir fremden Sprache verfasst. Ich erinnere mich daran, das Gelassenheitsgebet einmal gelesen zu haben, und fand mich nur in zwei Zeilen wieder: »einen Tag nach dem anderen zu leben/einen Moment nach dem anderen zu genießen«. Ich fühlte mich auch mit den geschlechtsbezogenen Verzerrungseffekten in der Sprache nicht gut. Ich bin sicher, ich hätte moderne Anonyme-Alkoholiker-Treffen aufsuchen können, wo man sich gefreut hätte, Dinge zu ändern und die Liste neu zu schreiben, aber das wollte ich nicht verlangen. Wer war ich denn, mir zu wünschen, dass eine Vorgehensweise, die Leuten seit 1935 half, für mich geändert werden müsste?

Ich erzählte Clare von meinen Kämpfen und fragte sie, ob sie jemals bei einem Treffen war. Sie war tatsächlich bei einem gewesen, und ihre Erfahrung deckte sich mit allem, was mir den Eindruck vermittelte, dass es nicht das Richtige für mich war. Trotzdem ermutigte sie mich hinzugehen, aber ich weigerte mich stur und nahm mir vor, mich alleine durch die Gedanken zu arbeiten. Ich glaubte nicht an sehr viel, aber das bisschen, das ich noch hatte, saß mir im Nacken und bestärkte mich darin, einen Tag nach dem anderen zu leben und einen Moment nach dem anderen zu genießen.

Es gab einen großen Unterschied zwischen dem, wie ich jetzt über das Trinken dachte, verglichen mit der Zeit, als ich gerade aufgehört hatte zu trinken. Es war nicht länger eine Gewohnheit oder eine Routine. Ich steckte nicht in dem Teufelskreis von Verlangen, Trinken und der Scham darüber fest. Ich sehnte mich nicht nach einem Filmriss, und meine Augen zuckten nicht bei dem Gedanken, dass ich mich ohne Schnaps durchkämpfen musste. Ich wusste eigentlich, dass ich nicht trinken und die Konsequenzen aushalten wollte, die ein Ende meiner Abstinenz mit sich ziehen würde. Ich hatte es nur satt, diesen Schmerz zu fühlen. Schmerz – emotional und physisch – war anstrengend. Ich konnte nicht aufstehen, weil ich meine ganze Energie dafür aufwenden musste, mit dem Schmerz fertigzuwerden. Trinken war für mich einmal ein Weg gewesen, alle Schmerzen auszuschalten, ebenso wie Geld auszugeben sich wie der Weg in ein größeres und besseres Leben angefühlt hatte. Inzwischen gehörte beides nicht mehr zu meinen Gewohnheiten, und es ging mir damit besser. Aber das heißt nicht, dass ich keinen anderen Sehnsüchten nachgab.

So, wie sich viele Leute mit neuen Dingen verwöhnen, hatte ich mich immer mit Essen verwöhnt. Anstatt eine Flasche Wein zu trinken, aß ich eine Pizza. Und Schokolade. Und Eis. Und an manchen Abenden aß ich Pizza, Schokolade und Eis. Daran war nichts Unüberlegtes – ich wusste, dass ich meine Gefühle aufaß. Ich gab die Bestellung auf und ging in den Laden, wohl wissend, dass ich Dinge kaufte, die mir ermöglichten, meine Gefühle aufzuessen. Ich tat es nicht jeden Abend, und ich aß nicht alles auf einmal auf. Es war nicht derselbe Fresszwang wie früher. Ich wollte keine Käseüberdosis oder in ein Zuckerkoma fallen. Ich wollte alle paar Tage nur ein wenig Trost, und diesen im Essen zu finden erschien mir noch die gesündeste Lösung zu sein.

An genau diesen Abenden gab ich mir nach der Fressorgie einen Netflix-Marathon. Der Bücherstapel auf meinem Nachttisch hatte sich zu schwer angefühlt, um ihn hochzuheben, aber Netflix einzuschalten war einfach – zu einfach. Der Schmerz hatte mich erschöpft, und ich war es leid, meinen durch den Kopf rasenden Gedanken zuzuhören. Sobald ich mit dem Essen nach Hause kam, fing ich also dort an, wo ich beim letzten Marathon aufgehört hatte, und sah Serien, bis ich einschlief.

Ich muss etwas anmerken. Warum entscheidet man sich trotzdem bei vollem Bewusstsein für etwas, das schlecht für einen ist? Einerseits könnte ich argumentieren, dass ich vielleicht schwach war oder noch immer von dem Gefühl geheilt werden musste, dass ich schlimme Situationen nicht ohne die Hilfe eines Suchtverhaltens durchstehen konnte. Andererseits war dies das erste Mal, dass mir bewusst war, was ich tat, als ich es tat. Davor hatte ich noch nie eine Pizza gegessen oder eine Flasche Wein getrunken und dabei gedacht: »Ich empfinde großen Schmerz, und das wird mir zeitweise darüber weghelfen.« Ich aß einfach oder betrank mich bis zum Blackout. Erst als ich trocken war und meine Gefühle durch jede Minute empfundenen Unwohlseins schleusen musste, wurde mir bewusst, warum ich das all die Jahre in mich reingestopft hatte.

Jetzt war es anders. Ich verschlang das Essen oder irgendetwas anderes nicht auf einmal. Und diesmal versteckte ich nichts. Tatsächlich schickte ich Fotos all meiner ungesunden Menüs immer an Emma. Ich sagte ihr, dass ich es ablehnte, mich schuldig zu fühlen, und meinte es auch so. Ich fühlte mich nicht schuldig, und es war mir hinterher nicht peinlich. Ich wollte niemals wieder in einen Teufelskreis von Selbstverachtung geraten. Stattdessen fühlte es sich fast an, als testete ich eine neue Theorie. Die religiösen Zitate, die weisen Worte und Meditation halfen mir nicht. Aber ich würde nicht trinken, und es gab nichts, was ich kaufen wollte. Und wenn 80 Prozent meiner Ernährungsentscheidungen in Ordnung waren, sollte das genügen. Konnte ich mich nicht auch ein kleines bisschen verwöhnen?

Zugegeben, das war nicht meine beste Idee.

Auf jeden Fall gab es immer noch einen Grund, dass ich es Emma zuerst erzählte, vor irgendjemand anderem – sie gehörte definitiv zu der Gruppe Freunden, die Menschen Mut machen, richtige Entscheidungen zu treffen. Ich wusste, sie würde mich kurz von der Leine lassen, aber sie würde auch da sein, wenn ich wieder in die Spur kommen wollte. Sie ließ mich traurig sein und hörte mir monatelang zu, wie ich alles rausließ, aber sie ließ mich nur ungefähr zwei Wochen Pizza, Schokolade und Eis futtern, bevor sie etwas sagte. »Du wirst dich besser fühlen, wenn du dich besser ernährst, Süße.« Und ich wusste, dass sie recht hatte. Nicht nur, weil es nicht gut für mich war, sondern weil ich bemerkte, wie mein Körper auf all diese Sünden reagierte.

Jedes Mal, wenn ich zu viel Zucker oder Weißmehl zu mir nahm, brach ich zusammen. Ich fror, begann zu zittern und wickelte mich in eine Decke ein. Dann wachte ich auf und fragte mich, wie es sein konnte, dass ich eine Stunde des Tages verloren hatte, und warum ich mich verkatert fühlte. Das war kein Mittagsschlaf. Ich holte weder Schlaf nach, noch hörte ich auf meinen ruhebedürftigen Körper. Mein Körper übernahm das Reden und teilte mir mit, dass er mit dem, was ich ihm antat, nicht zurechtkam. In meiner Familie kam Typ-2-Diabetes vor, daher kannte ich die Warnsignale. Wenn ich nicht vorsichtig war, konnte ich die Krankheit bekommen – und das war keine Krankheit, mit der ich den Rest meines Lebens zurande kommen wollte.

Nachdem ich das Muster erkannt hatte, begann ich aufzuschreiben, wie ich mich nach dem Essen bestimmter Nahrungsmittel fühlte, und strich diejenigen, von denen ich
mich krank fühlte, von meinem Speiseplan. Es war keine
Diät. Ich hatte schon einmal ein Jahr damit zugebracht, aufzuschreiben, was ich aß, und Kalorien zu zählen, was den
Großteil dazu beitrug, dass ich 2012 15 Kilogramm verlor.
Das war eine Diät, und ich würde sie nicht noch einmal machen oder irgendeine andere. Aber das hier war keine Diät.
Ich wollte weder Gewicht verlieren noch irgendetwas an
meinem Körper ändern. Ich wollte mich nur besser fühlen.
Scheinbar war es das Gesündeste, was ich tun konnte, mir
bewusst zu machen, wie ich auf Nahrungsmittel reagierte,
und weniger von dem zu essen, von dem ich mich schlecht
fühlte, und mehr von dem, was mir gute Energie gab.

Der Vorgang, wie ich genau darauf achtete, was ich aß, und
Nahrungsmittel aussortierte, mit denen ich mich nicht gut
fühlte, war genau wie der, als ich beschloss, schuldenfrei zu
werden. Ich notierte täglich meine Ausgaben auf, sah schließlich, wofür ich mein Geld ausgab, und erst dann konnte ich
mich fragen, wie ich mich mit den Zahlen fühlte. Ging es mir
gut, wenn ich all das Geld ausgab? Werteten diese Dinge, für
die ich Geld ausgab, mein Leben auf? Lautete die Antwort Ja,
durften sie mein Budget belasten. Aber wenn ich für die Rückzahlung meiner Schulden mehr übrig haben wollte, dann
hielt ich mich zurück und änderte alles, damit ich es schaffen
konnte. Die Vorgehensweise für den Shopping-Bann und die
spätere Änderung der Regeln war ähnlich. Ich beschloss, dass
ich Geld für Dinge ausgeben dürfte, die mein Leben bereicher-
ten, wie etwa Reisen. Aber ich würde bei allem anderen kürzer-

treten, um zu lernen, mit weniger auszukommen und mehr zu sparen. Nach einer Inventur meiner Sachen verpflichtete ich mich, nur das Notwendigste zu kaufen, sparte schließlich viel Geld – und vermied mögliche Verschwendung.

All diese Entdeckungen konnte man auf zwei Fragen reduzieren: *Warum sollte ich es tun, wenn es mir nicht guttat?* Und: *Was genau wollte ich jetzt wirklich?* Ich wollte mich gut fühlen – oder zumindest besser.

In meiner nur wenige Wochen anhaltenden Trostfressphase dauerte das Abgewöhnen meiner neu entdeckten Fernsehsucht etwas länger – 31 Tage, um genau zu sein. Was als Hintergrundrauschen begann, das die lautlose Leere am Abend füllen sollte, wurde schnell zur Dauerberieselung. Ich lebte schon immer gern alleine, aber jetzt wollte ich nicht *alleine* sein, und es machte einen großen Unterschied. Alleine zu leben bedeutete, dass ich die Freiheit hatte, in meinen eigenen Räumen zu tun, was ich wollte, ohne darüber nachdenken zu müssen, ob es jemand anderen störte. Alleine zu sein bedeutete, dass ich meinen Alltag nicht mit jemand anderem teilen musste. Als jemand, der viel Energie aus Gesprächen und Verbindungen mit anderen zieht, hätte ich mit einem Mitbewohner oder einem Partner im selben Apartment diesem Lebensabschnitt völlig anders begegnen können. Da ich aber niemanden hatte, schaltete ich Netflix ein und ließ mir von den Stimmen einiger meiner Lieblingsserien Gesellschaft leisten.

Ich begann an den Abenden. Als ich vor zwei Jahren anfing, vom Homeoffice aus zu arbeiten, hatte ich mir geschworen, dass ich mich nicht ablenken lassen würde, einschließlich Fernsehen. Ich hielt dieses Versprechen ein und sah nur gelegentlich am Abend fern. Als die Wolkendecke in mein Leben zog und mich bis nach Hause verfolgte, schaltete ich jedoch den Fernseher in dem Moment ein, in dem ich meinen Laptop zuklappte. Eine Minute der Stille war zu schmerzhaft, um sie zu ertragen, daher ließ ich den Fernseher bis zur Schlafenszeit laufen. Schließlich konnte ich die Stille zur Schlafenszeit auch nicht ertragen und ließ die Serien in meinem Schlafzimmer auf meinem Laptop die ganze Nacht laufen. Manchmal wachte ich um zwei oder drei Uhr morgens auf und schaltete es schlaftrunken aus. Meistens war Netflix der erste Tab auf meinem Laptop, der morgens geöffnet war, ich drückte auf Play und ließ mir von den Stimmen beim Kaffeekochen und Fertigmachen für den Tag Gesellschaft leisten.

Dahinter steckte keine Absicht. Es war völlig unüberlegt – eine Option, wie ich Unangenehmes von mir fernhalten wollte. Ich achtete nicht einmal auf die Serien, die dort liefen. Ich schaute sie mir nicht an. Die Stimmen der Schauspieler leisteten mir nur Gesellschaft. Trotzdem arbeitete ich mich durch sieben Staffeln einer Serie und neun Staffeln einer weiteren. Über 250 Stunden Fernsehen – 10,4 Tage oder 2,9 Prozent des Jahres. Ich wusste, dass ich etwas ändern sollte, als ich das Fernsehen dauerhaft laufen zu lassen begann. Ich hatte Probleme damit, mich den Tag über zu konzentrieren, und war nicht motiviert, am Abend an meinem Blog und als Freiberuflerin zu arbeiten. In der Nacht schlief ich schlecht. Die Stille tat weh, aber die Dauerberieselung musste aufhören.

Ich beschloss, das zu tun, was ich in solchen Situationen schon oft getan hatte: Ich forderte mich heraus, für einen festgelegten Zeitraum enthaltsam zu sein – in diesem Fall einen Monat oder 31 Tage. Es war nicht überraschend, dass ich dieselben körperlichen Reaktionen auf das Fernsehverbot erlebte, wie ich es schon mit dem Shopping-Bann und mit dem »Coffee to go«-Verbot erfahren hatte. Am ersten Tag, als ich mich zum Abendessen hinsetzte und am Abend ins Bett krabbelte, fühlte ich den üblichen Drang, etwas anzuschauen. Tag zwei und drei waren genauso. Es waren Gewohnheiten, die ich in meinen Alltag integriert hatte, die nun durch etwas anderes ersetzt werden mussten. Ich änderte die Regeln und durfte TED Talks schauen. Ich begann, mir mehr Podcasts und Hörbücher anzuhören, von denen ich viel zu lange behauptet hatte: »Dafür habe ich keine Zeit.« Ich hatte sie nämlich. Ich hatte nur beschlossen, sie mit anderen Dingen zu verbringen. Ich verstehe immer noch nicht, warum wir immer so schnell dabei sind, Dinge zu verwerfen, die wir eigentlich gerne tun, für andere, die nur ein bisschen weniger anstrengend sind. Erst als ich mich fragte, was ich jetzt wollte – nämlich mich besser fühlen –, hörte ich auf, Ausreden zu finden, und verbrachte mehr Zeit mit Lesen.

Den Monat über las ich fünf Bücher und hörte zahllose Episoden von verschiedenen Podcasts. Ich schrieb auch ein halbes Dutzend Blogposts und hatte ebenso viele Treffen mit einem Freund, der mir helfen wollte, Ideen für den Blog umzusetzen. Zusammen mit den neuen Regeln für den Shopping-Bann begann ich, über die Zero-Waste-Bewegung zu recherchieren, und fand Anregungen dazu, wie ich meinen Müll langsam reduzieren konnte. Ich verbrachte Zeit draußen bei einsamen Spaziergängen und Wanderungen mit Freunden. Ich hatte zwei Coaching-Sitzungen mit einer Frau, die ich respektierte, und war telefonisch und per Video-Chat in Kontakt mit noch mehr Freunden. Als mir mein Freund David, mit dem ich ein paar Tage in New York verbracht hatte, von dem Floating-Tank erzählte, probierte ich es aus, 90 Minuten lang Frieden und Ruhe auszuhalten, indem ich darin »herumtrieb«. Es fühlte sich gut an. Ich hatte es geschafft, aufzustehen und mein Leben zu leben, und es fühlte sich gut an.

Das bedeutet nicht, dass das Verbot ein völliger Erfolg war. In diesem Monat sah ich an die zwölf Stunden fern und änderte erneut die Regeln, damit ich zwei Dokumentarfilme anschauen konnte. Auch löste es nicht all meine Schlaf- und Konzentrationsprobleme. Aber ich konsumierte nicht unüberlegt Fernsehen, nur um die unangenehme Stille zu vermeiden. Es war bewusst. Ich wusste genau, was ich mir ansehen wollte, und ich nahm mir die Zeit, es anzusehen. Noch bevor der Monat vorbei war, wusste ich, dass ich es so weiterführen wollte. Ich wusste auch, dass ich meine Grenzen neu stecken musste, dass ich nur nach der Arbeit und vor dem Schlafengehen fernsehen durfte. Ich konnte mit der Stille umgehen. Was ich nicht konnte, war Stunden, Tage und Wochen meines Lebens für unwichtige Sachen zu verlieren.

Als ich meinen Körper und meinen Geist bewusster nährte, stellte ich fest, dass ich sehr viel bewusster mit meinen Ausgaben umging, insbesondere wenn es Dinge betraf, die ich kaufen durfte. Als ich anfangs die genehmigte Shopping-Liste schrieb, hatte ich mich gefragt, ob das nicht alles zu einfach machen würde. Eine Liste von Dingen, die ich im Lauf des Jahres kaufen konnte, in dem ich nicht shoppen durfte, klang nach einem Schlupfloch. Ich befürchtete auch, dass wenn ich mir ein paar Dinge zulegen durfte, es mich dazu anstacheln würde, mehr zu kaufen. Dinge, die nicht auf der Liste waren. Ich hätte niemals gedacht, dass das genaue Gegenteil der Fall sein würde und die Liste mich eigentlich dazu zwang, insgesamt bessere Kaufentscheidungen zu treffen.

Da ich zum Beispiel nur ein neues Sweatshirt kaufen durfte, musste es das beste sein. Nicht die beste Marke oder das teuerste oder die beste Qualität. Es musste für mich das beste sein. Es musste richtig passen und sich gut anfühlen und etwas sein, von dem ich mir vorstellen könnte, es fast jeden Tag zu tragen, weil das bei all meinen wenigen Kleidungsstücken der Fall ist – ich habe sie fast jeden Tag an. Ich probierte Sweatshirts an, die zu meinem Stil passten, aber alle nicht richtig saßen. Ich probierte noch mehr an, die aussahen, als würden sie passen, aber zu eng an den Hüften waren und zu weit am Oberkörper. Ein verbreitetes Problem, wenn du runde Formen, aber fast keinen Busen hast. Ich probierte grüne und blaue, schwarze und graue Sweatshirts an. Meine üblichen Standardfarben, aber nichts war gut genug. Am Ende machte ein braunes Reißverschluss-Sweatshirt das Rennen. Es entsprach allen Anforderungen. Es war das erste, von dem ich mir vorstellen konnte, dass ich es oft tragen würde. Das erste, von dem ich mir vorstellen konnte, dass ich Geld dafür ausgeben würde, und ich habe neun Monate gebraucht, um es zu finden. An dieser Kaufentscheidung war nichts Impulsives.

Derselben Prozedur unterzog ich mich, als ich das Outfit aussuchte, das ich zu mehreren Hochzeiten tragen wollte, die einzige Hose, die ich zum Training anziehen würde, und das Paar Stiefel, das ich bei kalten Temperaturen brauchte. Das Wissen, dass ich von allem nur ein Exemplar kaufen durfte, machte die Entscheidung so viel schwieriger – und so viel bewusster. Ich dachte an die vier schwarzen Müllsäcke voll mit Kleidung, die ich nur Monate zuvor ausgemistet hatte, und erinnerte mich daran, wie unwohl ich mich beim Tragen der meisten dieser Sachen gefühlt hatte. Ich wollte mein Geld nicht für etwas ausgeben, das mich nicht genug bedeckte oder die falschen Kurven umspielte und sich nicht wie ich anfühlte. Ich wollte mich in der Kleidung, die ich anhatte, und bei meiner Entscheidung, Geld dafür auszugeben, wohlfühlen.

Es stellte sich heraus, dass die erlaubte Shopping-Liste fast wie eine Versicherungspolice für das ganze Experiment war. Sie deckte ein paar Einkäufe ab und gestattete mir, Dinge zu ersetzen, wenn ich sie brauchte – und es gab tatsächlich zwei, die ich im Frühling ersetzen musste. Mein Handy, das sich ständig selbst ausschaltete, was es irgendwann zum letzten Mal tat und sich nie wieder einschalten ließ. Ich konnte nicht ohne Telefon leben, daher musste ich eins haben. Ich kaufte nicht das neueste oder das teuerste Modell. Meine Kaufentscheidung war nicht dadurch motiviert, das neueste Modell zu besitzen, oder durch eine Werbung für einen Sale. Ich kaufte, was ich brauchte und was ich mir leisten konnte. Und

dann riss die einzige Jeans, die ich hatte, an der Oberschen-
kelinnenseite. Ich brachte meine neuen Nähkenntnisse zum
Einsatz und versuchte, sie zu reparieren, musste aber nach nur
sieben Tagen feststellen, dass es zum Löcherflicken bei sich
um Oberschenkel spannenden Jeans keine dauerhafte Lösung
gibt – zumindest nicht eine, die gut aussieht. Nachdem die
beiden Flicken wieder aufgerissen waren, kaufte ich mir eine
neue Hose.

Ich stellte fest, dass ich nie zuvor so eingekauft hatte. Ich
hatte nie wirklich etwas gebraucht, da ich immer alles kaufte, um künftigen Bedarf abzudecken. Genau wie ich Cou-
pons ausnutzte, um zwei Flaschen Duschgel zu besorgen,
obwohl ich noch welches daheim hatte, da ich es eines Tages
brauchen würde. Oder ein Shirt, das mir gefiel, in vier Farben kaufte, für den Fall, dass ich keines finden würde, das je
wieder so gut passte. Ich überzeugte mich davon, dass diese
Dinge nie wieder im Sale wären, daher sollte ich sie kaufen,
solange sie erschwinglich waren. Werbung und Marketing-
kampagnen hatten mich so konditioniert, dass ich glaubte,
alles musste sofort sein oder nie mehr wieder. Es kam mir
nie in den Sinn zu warten, bis ich wirklich etwas brauchte.
Eigentlich lernte ich, dass wir nicht wissen können, was wir
brauchen, bis wir ohne es zurande kommen müssen.

10

April:
Den Ausstieg planen

Alkoholabstinenz: *27 Monate*
Gespartes Gehalt*: 37 Prozent*
Entsorgter Besitz: *65 Prozent*

Inmitten all der Ereignisse sagte mir mein Bauchgefühl, dass ich mich auf noch mehr Veränderung einstellen sollte. Es war dasselbe Bauchgefühl, das mir im Jahr 2011 sagte, dass ich am Ende war und zu trinken aufhören sollte. Das war Monate, bevor ich den letzten Tropfen trank. Diesmal sagte es mir, Bargeld zu sammeln und einen Notgroschen bereitzustellen. Die Zukunft war unsicher, und ich würde es brauchen.

Am Anfang wusste ich nicht, was ich davon halten sollte. Seit ich 2013 meine Schulden abbezahlt hatte, hatte ich immer etwas Bargeld zur Verfügung. Ich hatte immer einen

500-bis-1000-Dollar-Puffer auf meinem Girokonto und eine 2000-bis-3000-Dollar-Reserve auf dem Sparkonto. Alles andere wanderte direkt in mein Rentenkonto. Mit dieser Strategie und der Finanzsituation fühlte ich mich insgesamt wohl. Ich wusste, dass die Zukunft im Moment unsicher war. Ich wusste nicht, warum ich zusätzlich Geld brauchen würde, aber ich wollte nicht mit meinem Bauchgefühl zanken.

Ich hatte mindestens ein Dutzend Gespräche mit Freunden darüber, ob sie sich schon einmal so gefühlt hatten und was es für sie bedeutete. Die paar, die das kannten, stimmten mir zu, dass sie in Krisenzeiten das Gefühl hatten, einen Geldvorrat anlegen zu müssen. Scheidungen, Todesfälle in der Familie, Jobverlust, Situationen, die den bisherigen Lebensweg von Grund auf erschütterten, zwangen sie zur Suche nach Alternativen. Natürlich hatte die Scheidung meiner Eltern den Weg meiner Familie erschüttert, aber es würde meine Finanzen nicht beeinflussen. Alles andere fühlte sich unsicher an, aber ich wusste, dass diese in Sicherheit waren.

Die einzige andere mögliche Krise für mich war eine berufliche. Seit der Weihnachtsfeier fühlte ich mich von dem Unternehmen, für das ich arbeitete, abgekoppelter als je zuvor. Ich kannte meine Rolle, und ich machte meine Arbeit. Aber mit dem plötzlichen Wachstum des Unternehmens wurden unsere Jobbeschreibungen neu definiert, und ich war gefangen, Dinge zu tun, die mir nicht gefielen – Dinge, die mit meiner Ethik und meinen Werten nicht mehr übereinstimmten. In Meetings sagte ich, was ich dachte, aber sobald meine Vorschläge nicht zur Marketingstrategie oder zu Suchmaschinenoptimierungs-Kampagnen passten, wurde ich schnell zum Schweigen gebracht. Meine Meinung zählte nicht mehr – aber das sollte sie. Die Meinung eines jeden sollte zählen. Das war eines der Dinge, die ich besonders daran geschätzt hatte, als die ursprüngliche Sechsergruppe in dem Privathaus zusammenarbeitete. Wir tauschten die Hüte, und unsere Arbeit war wichtig.

Es half mir nicht, dass ich unter einem beruflichen Burnout litt. Seit zwei Jahren vom Homeoffice aus zu arbeiten mag von außen betrachtet wie ein Traum scheinen, aber es gab auch ein paar schwierige und oft nicht angesprochene Stolpersteine. Der erste war, dass ich fast die ganzen zwei Jahre gebraucht hatte, um eine Art gesunden Alltag zu entwickeln. Nachdem ich 2013 in St. Louis die Panikattacke gehabt hatte, wusste ich, dass ich in Zukunft weniger arbeiten und besser auf mich achten musste, aber es war ein ständiges An-mir-Arbeiten. Es gelang mir, regelmäßige Arbeitszeiten einzuhalten und Kaffee- und Lunchpausen zu machen, aber ich arbeitete immer noch zu viel.

Ein weiteres allgemeines, oft nicht genug beachtetes Problem ist eine Art Schuldgefühl, wenn man die Chance bekommt, im Homeoffice zu arbeiten. Da dich niemand sehen kann, fühlst du dich verpflichtet, ständig online zu sein und zur Verfügung zu stehen, als Beweis dafür, dass du tatsächlich arbeitest. Wenn man zusätzlich noch in einer leitenden Position ist, macht es das nur noch schlimmer und bedeutete, dass ich oft täglich zehn bis zwölf Stunden online und verfügbar war.

Und wenn ich ehrlich bin, ist das eines der wichtigsten Themen von Freunden und mir, als wir für Start-ups arbeiteten. Ob vom Homeoffice oder Büro aus, gibt es eine Übereinkunft, dass man sich bei der Arbeit genauso in das Unternehmen einbringen muss wie der Vorstand – das heißt, für den Erfolg des Unternehmens Überstunden zu machen und Teile des Privatlebens aufzugeben. Manche Unternehmen entlohnen ihre Angestellten großzügig für dieses Engagement, viele aber auch nicht. Tatsächlich kenne ich einige Unternehmen, die davon profitieren, dass Leute alle Vergünstigungen wollen, die die Arbeit in einem Start-up mit sich bringt – das Essen, der Alkohol, Spielzimmer, Yogastudios, Fitnessstudioausweis und kostenloser Nahverkehr. Dafür zahlen sie ihnen niedrigere, manchmal unseriöse Gehälter. Leute akzeptieren das und tauschen ihre Zeit und Energie dagegen ein, weil sie denken, dass es wert sei, für eine bestimmte Firma gearbeitet und bestimmte Erfahrungen gemacht zu haben. Das Start-up, für das ich arbeitete, bezahlte mich anständig, aber das änderte nichts an der Tatsache, dass ich noch immer unter einem Burn-out litt. Ich wollte es nicht zugeben, aber ich war erschöpft. Ich war von meiner Arbeit entmutigt, enttäuscht von der Kommunikation mit den Teammitgliedern und frustriert von dem Mangel an Interesse, wenn ich Bedenken formulierte. Und ich war es leid, 50 bis 60 Stunden wöchentlich für das alles aufzubringen.

Es war mir nicht bewusst, wie unglücklich ich war, bis ich an einem sonnigen Nachmittag im April meinem Bildschirm den Mittelfinger zeigte, während ich laut fluchte und heulte. Das tat ich nun schon seit Wochen: Meinem Computerbildschirm den Mittelfinger zeigen und laut fluchen. Das Weinen war neu. Vielleicht war die Scheidung daran schuld, dass ich mich in ein nervöses Wrack verwandelt hatte. Aber ich wusste auch, dass ich meine Belastungsgrenze erreicht hatte und es mir nicht guttun würde, in der Firma zu bleiben. Die

Sorge um mein Wohlbefinden überwog schließlich meine Loyalität gegenüber meiner Chefin und meinen Wunsch nach einem regelmäßigen Gehalt. Ich musste kündigen.

Bis zu diesem Zeitpunkt hatte ich nicht weiter darüber nachgedacht, wie mein nächster Karriereschritt aussehen sollte. Drei Jahre zuvor hätte ich mir auch nicht vorstellen können, dass mich mein Weg bis hierherbringen würde. Ich habe schon immer gerne geschrieben. Aber nach meinem Highschool-Abschluss dachte ich, ich sollte etwas Praktisches machen – etwas Bodenständiges, mit dem ich ein anständiges Gehalt verdienen würde. *Ich würde Buchhalterin werden*, dachte ich. Meine Noten in den beiden Buchhaltungskursen an der Highschool waren hervorragend, also würde das mein Beruf werden. Ein Semester Betriebswirtschaftslehre an unserem hiesigen College zeigte mir jedoch, dass es nicht der richtige Beruf für mich war. Der einzige Kurs, den ich wirklich mochte, war Marketing, und so schmiss ich die BWL-Kurse und machte stattdessen meinen Abschluss in Kommunikationswissenschaften.

Im Studium hatte ich die Möglichkeit zu einem Praktikum bei der Landesregierungsbehörde. Drei Monate arbeitete ich als Junior-Pressebeauftragte. Zu meinem Aufgabengebiet gehörte es, Pressetexte und Reden für die Minister zu schreiben. Es gab einiges, das mir an diesem Job richtig gefiel – vor allem, dass ich meine Tage mit Recherchieren und Schreiben zubringen konnte. Ich wurde sogar dafür bezahlt zu schreiben! Und es hat etwas, dass ein Mensch in einer Machtposition die Texte vortrug, die ich für ihn formuliert hatte. Aber fürs Schreiben bezahlt zu werden reichte nicht aus, dass ich die Liste der Dinge ignorieren konnte, die ich an dem Job nicht mochte, einschließlich der langen Arbeitszeiten (von morgens um 6 Uhr bis 18 Uhr) und der langweiligen Themen. Trotzdem entschied ich mich nach meinem Abschluss für eine Anstellung dort und diese Stufe der Karriereleiter zu betreten. In meinen Zwanzigern wäre ich Junior-Pressebeauftragte, in meinen Dreißigern Pressebeauftragte, in meinen Vierzigern Leitende Pressebeauftragte und vor meiner Rente Chefin der Presseabteilung. Für jemanden, der in einer Regierungsstadt wie Victoria aufgewachsen ist, bedeutete der zügige Einstieg dort den Karrierejackpot. Ich würde 35 Jahre lang arbeiten und eine Pension erhalten, genau wie meine Eltern. Das war der Plan.

Natürlich laufen die Dinge nicht immer nach Plan, was manchmal gut sein kann. Das habe ich inzwischen gelernt. Wäre alles nach Plan gegangen, wäre ich nicht die ersten fünf Jahre meines Berufslebens im Bildungsverlagswesen tätig gewesen. Ich hätte vielleicht nicht mit einigen der talentiertesten Lehrer zusammengearbeitet und die Besonderheiten des didaktischen Designs erlernt. Und dann hätte ich vielleicht nicht die Sprossen gefunden, die während eines zweijährigen Anstellungsstopps bei der Regierung aus meiner Karriereleiter entfernt worden waren. Das gab mir das Gefühl, dass ich feststeckte, und ich verließ schließlich den öffentlichen Dienst. Wäre alles nach Plan gegangen, hätte ich vielleicht nicht mit meinem Blog begonnen. Ich wäre vielleicht nicht in Verbindung zu einer Leserin gekommen, die mir schließlich einen Ganztagsjob als Online-Redakteurin ihrer Website anbot. Und ich hätte vielleicht nie die Gelegenheit gehabt, von ihr zu lernen, und sie hätte mich nicht darin bestärken können, jede Chance, die mir mein Blog bot, zu nutzen.

Meine Chefin war ein großes Wagnis eingegangen, mich einzustellen – die »Blonde on a Budget«, die sie niemals persönlich kennengelernt hatte. Ich war dankbar für alles, was sie für mich getan hatte, fühlte mich ihr aber auch verpflichtet, da sie an mich geglaubt hatte. Deshalb bin ich so lange geblieben. Sie hatte viel in mich investiert, und ich wollte das zurückgeben.

Ich hatte nie darüber nachgedacht, was ich als Nächstes tun würde, da ich nie zuvor über eine Kündigung nachgedacht hatte. Ich war glücklich – bis ich es nicht mehr war. Ich glaubte, ich würde bleiben und das Unternehmen bei seinem weiteren Wachstum unterstützen – bis ich nicht mehr konnte. Wenn ich noch mehr tun wollte, würde ich es woanders tun müssen. Aber ich wusste nicht, wo woanders war oder was ich tun wollte. Erst als mir meine Freundin Kayla aus Denver erzählte, wie unglücklich sie mit ihrem Job war und dass sie sich selbst versprochen hatte, bis zum 1. Juli zu kündigen, war mir bewusst, dass ich dasselbe tun müsste. Ich brauchte ein Datum. Ich musste Licht am Ende dieses Tunnels sehen und wissen, dass ich hinten auch wieder herauskommen würde.

Der 1. Juli war zu früh. Es gab Projekte, die ich bis zum Ende begleiten wollte, und für Mai war eine Reise nach Toronto gebucht. Auch sagte mir mein Bauchgefühl, dass der 1. Juli deshalb zu früh war, da ich mehr Zeit brauchte, um Geld zu sparen und einen Plan zu schmieden. Ich wusste nicht, was ich als Nächstes tun würde, aber ich wusste, dass ich diesen Job nicht bis zum Ende des Jahres machen konnte. Kein Geld der Welt war die Tränen wert, die ich jede Woche vergoss. Wenn das bedeutete, dass ich ohne neuen Job in der Hinterhand kündigen musste, würde ich es tun.

Nachdem ich meine Zahlen geprüft hatte, entschied ich mich für den 1. September. Fünf Monate würden reichen, einen neuen Job zu finden und meine Rücklagen zu vergrößern, sodass ich gegebenenfalls mindestens sechs Monate überbrücken konnte. Ich würde die Firma im August verlassen und zum 1. September aufhören zu arbeiten. Das war mein Plan.

Ich beschloss jedoch, mir ein Stretch Goal zu setzen. Was Stretch Goals – also überhöhte Zielvorgaben – waren, hatte ich auf persönlichen Finanzblogs gelernt. Man setzte sie sich, um sich selbst zu übertreffen und etwas sogar noch schneller durchzuziehen, als ursprünglich gedacht. Das wird möglich, indem man über Grenzen hinausgeht. Ich hatte mir ein Stretch Goal gesetzt, um meine Schulden schneller abzuzahlen. Der ursprüngliche Plan war, die Schulden innerhalb von drei Jahren zurückzuzahlen, dann in zweieinhalb, und schließlich habe ich es in zwei Jahren geschafft. Ich hatte mir auch ein Stretch Goal gesetzt, als ich abnehmen wollte, und auch, als ich für meinen ersten Halbmarathon trainiert habe. Nun würde ich mir ein neues Stretch Goal setzen, in der Hoffnung, dass es mich motivieren würde, alles Nötige zu tun, um mich aus dieser Situation zu befreien. Der 1. Juli war zu früh, aber ich schrieb das Datum auf ein Blatt Papier und in meinen Computer, sodass ich jeden Tag daran erinnert wurde. Der 1. September war ein gutes Enddatum, aber der 1. Juli wäre noch besser.

Als ich diese Entscheidung traf, erkannte ich auch, dass ich nicht so viel Geld benötigte wie früher. Vor dem Shopping-

Bann konnte ich monatlich höchstens 10 Prozent meines Gehalts sparen, was im Gegenzug bedeutete, dass ich 90 Prozent davon ausgab. Eines der Verbotsziele war zu lernen, mit weniger Geld auszukommen, damit ich mehr sparen konnte – und das war mir gelungen. In den meisten Monaten hatte ich zwischen 20 und 30 Prozent meines Einkommens gespart. In Januar und Februar sparte ich sogar 56 und 53 Prozent, was bedeutete, dass ich nur 44 beziehungsweise 47 Prozent meines Einkommens benötigte, um meine Ausgaben zu decken. Ich hatte meine Theorie belegt. Ich konnte tatsächlich mit weit weniger Geld leben als früher – und dabei sparen und reisen.

Ich würde gerne sagen, dass es sich nicht wie die Offenbarung anfühlte, die es war. Mit diesen neuen Zahlen in Händen fantasierte ich buchstäblich darüber, meine Entdeckung von den Dächern der Geschäfte und Einkaufszentren herab zu verkünden. *Wenn ihr euch fragt, warum ihr kein Geld sparen könnt, hört auf damit, Dinge zu kaufen, die ihr nicht braucht! Und glaubt mir, ihr braucht wahrscheinlich überhaupt nichts von hier!* Eigentlich war es logisch. Zu diesem Zeitpunkt hatte ich fast vier Jahre lang über Geld geschrieben, hatte fast 30.000 Dollar Schulden abbezahlt und begonnen, für die Rente zurückzulegen. Ich hätte wissen müssen, dass ich nicht viel Geld brauchte, um meine Finanzziele zu erreichen. Bislang war ich jedoch immer im Teufelskreis des Konsums gefangen gewesen. Ich dachte, ich müsste jedes Jahr mehr Geld verdienen, damit ich mir mehr Dinge kaufen konnte, die ich haben wollte. Der Teufelskreis bedeutete, dass ich das Geld, das ich mehr verdiente, ständig ausgab, anstatt es zu sparen, aber nie damit zufrieden war und immer noch mehr wollte. Das Verbot bewies jedoch eine andere Theorie: Wenn du weniger willst, konsumierst du weniger – und du brauchst auch weniger Geld.

Ich fragte Kayla, was sie tun wollte, nachdem sie ihren Job gekündigt hatte, und sie sagte, dass sie wieder hauptberuflich als freie Autorin arbeiten wollte. Sie hatte das früher schon gemacht, was nicht immer einfach war, aber sie hatte den Eindruck, dass sie in den letzten Jahren viel dazugelernt hatte, und wollte es noch einmal probieren. Ich war stolz auf sie und beneidete sie um ihren Mut. Zu kündigen, um dann ganz auf sich allein gestellt zu sein, fühlte sich furchtlos und heldinnenhaft an. Sie wusste genau, was sie wollte, und sie verfolgte ihr Ziel.

Als Kayla fragte, was ich als Nächstes tun wollte, gab ich zu, dass ich es nicht wusste. Ich hatte mich schon auf Job-Portalen umgeschaut, aber nichts fühlte sich richtig an. Die Gehälter waren in Ordnung, aber die Unternehmen interessierten mich nicht, und die Jobbeschreibungen klangen geradezu langweilig. Sie unterbrach mich mitten im Satz: »Aber was *willst eigentlich* du?«

Das war eine Frage, die ich mir nie gestellt hatte. Jeden Job hatte ich entweder wegen der Berufserfahrung oder des Geldes wegen angenommen, und in keinem war ich glücklich. Ich sagte mir Dinge wie: »Für den Moment ist es in Ordnung«, während ich die Stunden bis zum Büroschluss zählte. Und ich hatte mich immer an den Schreibtisch gefesselt gefühlt, da ich auf den regelmäßigen Gehaltsscheck für meine Fixkosten und zur Schuldenrückzahlung angewiesen war. Ich kaufte Dinge, von denen ich glaubte, sie würden mir helfen, aus mir eine bessere Version meines Selbst zu machen, und ich nahm besser bezahlte Jobs an, weil ich für das alles Geld brauchte. Ich hielt niemals inne, um mich zu fragen, was ich wirklich wollte. Vermutlich, weil ich nie in einer Position war, in der ich es mir hätte leisten können.

Eine der besten Eigenschaften des Sparsamseins und Aufschreibens, für was man sein Geld ausgibt, ist, dass man ein Werkzeug hat, um Pläne für Großes zu schmieden – wie zum Beispiel deinen Job zu kündigen. Ich konnte berechnen, dass ich fünf Monate brauchen würde, um genug Geld zu sparen, damit ich problemlos kündigen konnte. Aber wenn ich auf mein Budget der ersten neun Monate des Verbots zurückblickte, fiel mir eine andere Zahl ins Auge: Ich gab jeden Monat fast gleich viel für Lebenshaltungskosten aus – und das war weniger als jemals zuvor. Der Grund, warum meine Ergebnisse so unterschiedlich ausfielen, lag an meinen vielen Reisen. Ein Luxus, der jetzt reduziert werden konnte, wenn ich dafür kein Geld hatte. Alles konnte ich mit einer sehr viel kleineren Summe abdecken – und die war zufällig auch genau dieselbe, die ich schon durch freiberufliches Schreiben jeden Monat verdiente.

Als Kayla mir erst erzählte, dass sie hauptberuflich als freie Autorin arbeiten wollte, kam mir nicht in den Sinn, dass ich auch eines Tages dazu in der Lage wäre. Selbstständig zu arbeiten war niemals Teil meines Plans gewesen. Ich kannte viele Blogger, die ihre Websites in der Hoffnung veröffentlichten, eines Tages genug Geld zu verdienen, um ihre Jobs kündigen zu können und sie hauptberuflich zu betreiben. Das war niemals Teil meines Plans. Ich begann meinen Blog, um den Prozess meiner Schuldenrückzahlung zu dokumentieren. Es war ein Werkzeug zur Selbstvergewisserung und ein Weg, mit anderen in Verbindung zu treten, denen es ähnlich ging. Ich hatte dadurch einige Kontakte geknüpft und einige freiberufliche Aufträge ergattert, aber das war immer etwas, das sich nebenher ergab. Selbstständig zu arbeiten war bisher nie Teil des Plans gewesen. Aber jetzt war es eine Option.

Durch den Shopping-Bann wusste ich, dass ich schon genau die Summe freiberuflich verdiente, die ich zur Deckung meiner Lebenshaltungskosten benötigte. Ich wusste auch, wie viel ich verdienen musste, wenn ich zusätzlich Geld sparen, Geld für die Steuer zur Seite legen und noch reisen wollte. Ich fühlte mich nicht wohl bei dem Gedanken, weniger zu verdienen, aber das Verbot bewies, dass ich es mir leisten konnte. Wenn du mehr Dinge willst, musst du mehr Geld verdienen. Wenn du weniger Dinge willst, brauchst du weniger – und kannst ausrechnen, wie viel du tatsächlich verdienen musst. Ich konnte es mir leisten, weniger als mein augenblickliches Gehalt zu verdienen. Ich war bereit, etwas zu riskieren, wenn das bedeutete, dass ich den Job machen konnte, der mich interessierte.

Das wurde mein neuer Plan: Ich würde ein paar weitere Auftraggeber finden und dann meinen Job kündigen, um mich auf meinen Blog und meine Arbeit als freie Autorin zu konzentrieren. Es war ein kalkulierbares Risiko, und ich wusste, dass es sich lohnen würde.

Von da an begann ich, die neuesten Bücher und Blogposts über Selbstständige zu lesen, und hörte mir ein paar Podcasts zu diesem Thema an. Ich machte so weiter, wie ich es mir bei meinem TV-Verbot schon angewöhnt hatte. Medienkonsum einschließlich Podcasts nur nach der Arbeit und vor 21 Uhr, um meinen Alltag oder meinen Schlaf nicht zu stören, und ich versuchte, nicht exzessiv zu werden. Es war sowieso nicht so wie in den Wochen und Monaten, die ich mit Staffeln und Serien und Reality-TV verschwendet hatte. Jetzt ging es um Inhalte, und ich brauchte jeden Rat.

Wenn ich mir einen Podcast anhörte, machte ich mir im Kopf Notizen über Dinge, die ich tun könnte, um mein Geschäft auszubauen. Dann drückte ich auf Pause, suchte nach einem Blatt Papier und schrieb alles auf. Binnen weniger Wochen war mein Apartment zugemüllt mit Papierfetzen, Leihbüchern und Entleihzetteln. Ich hatte auch leere Blätter aus einem alten Zeichenblock herausgerissen, sie an die Wand gepinnt und mir dort eine vage Zeitschiene aufgezeichnet mit allem, was ich noch erledigen wollte, bevor ich kündigte. Mein Apartment sah nicht so sauber aus wie auf den Bildern, die ich im Oktober auf meinem Blog geteilt hatte, aber das störte mich nicht. Ich war inspiriert und seit Monaten nicht mehr so motiviert.

Damit ich ein Gefühl dafür bekommen konnte, meinen Plan in die Realität umzusetzen, beschloss ich, jeden Tag jemandem davon zu erzählen. Meine Begründung: Je mehr Leuten ich es erzählte, desto mehr Auftraggeber konnte ich gewinnen und vor desto mehr Menschen würde ich dafür geradestehen müssen. Ich wollte keinen Rückzieher machen.

Es war toll, die Neuigkeiten zu verkünden und darüber zu sprechen, was die Zukunft bringen würde – am Anfang zumindest. Außer meiner Chefin gab es noch einen Menschen, bei dem ich verunsichert war, es ihm zu erzählen: mein Dad. Der treue Beamte, der seit seinem 17. Lebensjahr für die Regierung gearbeitet hatte. Nach all den Jahren mit Gesprächen über Geld und Arbeit fürchtete ich, dass er sich Sorgen machen würde. Ich befürchtete auch, dass er mir sagen würde, dass es eine dumme Idee oder der Plan nicht gut durchdacht sei. Ich schätzte seine Meinung und wünschte mir seine Unterstützung. Ich brauchte zwei Wochen und 14, die Entscheidung bestätigende, Gespräche mit anderen, um den Mut zu finden, ihm in allen Einzelheiten von meinem Plan zu berichten. Bevor ich ihm noch die Zahlen offenlegen konnte, antwortete er mit nur drei Worten: »Du schaffst das!« Eigentlich hätte ich wissen müssen, dass auch mein Dad meinem Bauchgefühl traute.

Mit dem absehbaren Ende meines Jobs vor Augen hörte ich auf, meinem Computerbildschirm den Mittelfinger zu zeigen, laut zu fluchen und zu weinen. Ich konnte die Scheidung meiner Eltern und die Zukunft meiner Familie nicht beeinflussen, aber das hatte ich in der Hand – und es fühlte sich gut an, sich endlich auf etwas zu freuen.

11

Mai: An ungewöhnlichen Orten

Alkoholabstinenz: *28 Monate*
Gespartes Gehalt: *24 Prozent*
Vertrauen darin, das Projekt erfolgreich abzuschließen: *100 Prozent*

Als ich die Zehnmonatsmarke des Shopping-Banns überschritten hatte, stellte ich überrascht fest, dass ich mich nicht daran erinnern konnte, wann ich das letzte Mal daran gedacht hatte, etwas zu kaufen, das ich nicht brauchte. Keiner meiner üblichen Auslöser bewirkte irgendeine Reaktion. Zeitungsartikel mit Bücherlisten, die ich in dieser Saison lesen sollte, konnte ich einfach ignorieren, wenn ich mich daran erinnerte, wie viele noch immer ungelesene Bücher auf meinem Bücherregal zu Hause auf mich warteten. Begegneten mir Anzeigen von Websites mit meinen Lieblingskerzen, war auch das einfach zu ignorieren, obwohl ich inzwischen keine Kerzen mehr hatte und ich eigentlich gerne bei Kerzenlicht schrieb. Da ich die Regeln im Januar geändert hatte, durfte ich selbst Kerzen herstellen, hatte nur das nötige Zubehör noch nicht besorgt. Aber müsste ich dazwischen wählen, sie selbst zu machen oder einfach ohne Kerzen auszukommen, würde ich mich für ohne auskommen entscheiden. Ich war mit dem, was ich hatte, zufrieden und zuversichtlich, dass ich die Ziellinie mit dieser Einstellung leicht erreichen konnte. Dass ich im Mai 24 Tage unterwegs sein würde, tat sein Übriges. Verglichen mit den Monaten davor war das extrem, zum einen die lange Abwesenheit von Zuhause, zum anderen die vielen Trips, die ich in diesen 24 Tagen vorhatte. Aber jede Reise hatte ihren Grund, sogar die, die ich wirklich nicht antreten wollte.

Mein erster Flug brachte mich der Arbeit wegen nach Toronto. Nachdem ich unzählige Bitten vorgebracht hatte, stimmte meine Chefin schließlich zu, dass ich jemanden intern für unsere ständig wachsenden Content-Anforderungen einstellen durfte, anstatt alles an Freelancer außer Haus zu geben. In den Wochen vor meiner Ankunft war ich alle Bewerbungen durchgegangen, bat ein paar der potenziellen Kandidaten, Schreib- und Redaktionsaufgaben vorzubereiten, und vereinbarte Vorstellungstermine für die Woche, in der ich im Büro sein würde. Letzten Endes machten wir einem Bewerber ein Angebot, das er annahm, und ich hätte nicht erleichterter sein können. Sobald ich von meinen Reisen zurück war, hätte ich eine Hilfe zur Seite, die ich jetzt mehr denn je brauchte.

Während der fast drei Jahre, die ich für das Unternehmen gearbeitet hatte, hatte ich kein einziges Mal richtigen Urlaub gemacht. Ich hatte hie und da zwei oder drei Tage an Konferenzen drangehängt, aber das war's. Sogar als ich im Februar in New York war, arbeitete ich fast die ganze Woche, weil einfach niemand da war, dem ich meine Aufgaben hätte übertragen können. Die erste Online-Redakteurin des Teams zu sein war für mich anfangs ein unglaubliches Geschenk, da ich meine Stärken einbringen und den Arbeitsbereich definieren konnte. Aber die Einzige zu sein, die schreiben und veröffentlichen konnte, sodass es zu unserem Styleguide passte (den ich entwickelt hatte), und das Backend unseres Blogs bedienen konnte, bedeutete, dass ich nie länger freinehmen konnte. Aber ich brauchte eine Pause. Im tiefsten Inneren wusste ich, dass ich bald gehen würde. Aber ich brauchte jetzt trotzdem diese Pause.

Von Toronto flog ich zurück nach B.C. und verbrachte eine Woche zu Hause in Victoria. Ben war gerade für die Semesterferien von der Universität zurückgekommen, und wir mussten mit ihm noch über die Scheidung sprechen. Er gab zu, dass er ebenso überrascht war wie Alli und ich: »Ich dachte, wir sind in einem Haus aufgewachsen, wo unsere Eltern uns eine glückliche Ehe vorgelebt haben.« Wir drei wanderten über Waldpfade auf einem Berg in der Nähe und sprachen ausführlich über das, was als Nächstes kommen würde. Ben hatte seine Gefühle noch nie zuvor so offen mitgeteilt. Er war ruhig, wie so viele Ingenieure, jedoch hatte ihm die Distanz geholfen, erwachsen und reifer zu werden.

Jedes seiner Worte machte mich stolz, vor allem seine Antwort, als ich ihn fragte, ob er wütend sei.

»Es geht mir gut,« antwortete er. »Ich meine, was passiert ist, ist passiert.« Was passiert war, war passiert. Es gab
kein Zurück. Es war nicht zu leugnen, und kein Betteln darum würde es jemals ändern. Ben war weder wütend noch
traurig. Er hatte scheinbar die meisten Stadien der Trauer
übersprungen, die ich durchlaufen hatte, und akzeptierte
die Neuigkeiten als das, was sie waren: die Tatsache. Unsere
neue Realität. Das Einzige, was wir nun tun konnten, war,
nach vorne zu schauen. Wir alle wussten das, aber Ben war
der Erste, der es aussprach.

Ich hatte Monate damit verbracht, mir um Alli und Ben
Sorgen zu machen, mich gestresst der Zukunft wegen und mir
überlegt, wie ich helfen konnte, uns gemeinsam auf diesem
neuen Pfad zu leiten. Das war Teil meiner Jobbeschreibung
als die Älteste. Ich hatte geholfen, mich um »die Kleinen« zu
kümmern, seit sie auf der Welt waren. Aber Bens Antwort bewies, dass er mich nicht so sehr brauchte, wie ich befürchtet
hatte. Es ging ihm gut. Es würde uns allen gut gehen. Ich hätte mir nie vorgestellt, dass er der sein würde, der uns aus dieser Negativschleife herausführen und uns die richtige Richtung weisen würde. Aber genau das tat er. Er führte mich aus
der Traurigkeit, half mir, dass ich wieder festen Boden unter
den Füßen spürte, und zeigte mir die Richtung unserer neuen
Familie.

Die ganze restliche Woche in Victoria verbrachte ich mit Arbeit. Am 20. Mai flog ich mit meiner Freundin Sarah, die ich

vor Jahren über die persönliche Finanz-Blog-Community kennengelernt hatte, nach New York. Von dort aus wollten wir einen zehntägigen Road Trip starten, und ich hatte vor, die ganzen zehn Tage nicht zu arbeiten. Um das tun zu können, musste ich die Arbeit in die Woche davor packen und alles in nur fünf Tagen erledigen. Irgendwie schaffte ich es. Als wir in das erste Flugzeug stiegen, waren meine Augen immer noch müde und gerötet, aber ich hatte es geschafft. Es war Zeit für einen richtigen Urlaub.

Sarah und ich hatten diese Reise schon geplant, bevor ich von der Scheidung meiner Eltern erfahren hatte. Wir wussten, dass es teuer werden würde, vor allem, weil der kanadische Dollar schwach war und wir so beim Wechselkurs verlieren würden. Daher suchten wir nach Wegen, Geld zu sparen. Ein Companion Ticket half uns, unsere beiden Flüge zum Preis von einem zu bekommen, und wir durchkämmten Websites für freie Hotelzimmer zu Billigpreisen, um bei der Übernachtung zu sparen. Sarah, die für eine bekannte Luxus-Reisen-Website schrieb, organisierte für uns ein paar kostenlose Übernachtungen in Hotels im Austausch gegen einen Bericht. Und wir verwendeten Rabattcodes, um bei Amtrak-Tickets zu sparen, und Bonuspunkte für den Mietwagen. Als wir losfuhren, war alles gebucht, und wir hatten für nichts den vollen Preis bezahlt.

Unser erster Halt war New York City. Wir trafen Shannon in einem mexikanischen Restaurant in der Nähe des Union Square und nahmen Sarah mit auf ihren ersten Spaziergang durch das Strand. Bekannt für seine 18 Meilen Bücher, war das Strand mein Lieblingsort, wann immer ich in der Stadt war. Jedes Mal verbrachte ich mindestens eine Stunde damit, an den Regalen auf und ab zu gehen, und bis heute, nach mehreren Reisen in diese Stadt, glaube ich nicht, dass ich die Hälfte geschafft habe. Ich habe niemals ein Buch im Strand gekauft, da die meisten meiner Reisen in diese Stadt in die Zeit meines Shopping-Banns fielen – einschließlich dieser hier. Es schien wie ein grausamer Scherz oder ein Verwirrspiel, aber ich konnte es nicht lassen. Auch wenn ich nichts kaufen durfte, in New York zu sein und nicht das Strand zu besuchen war für mich, wie nach Paris zu fliegen, ohne den Eiffelturm zu sehen. Ich musste hin. Ich musste es sehen.

Von New York nahmen wir den Amtrak nach Boston, wo wir Pastrami-Sandwiches bei Sam LaGrassa's und Cannoli von Mike's Pastry aßen. Wie erlebten eine Geschichtsstunde am Freedom Trail und standen tief bewegt vor dem New England Holocaust Memorial. Wir gingen die engen Backsteinstraßen von Beacon Hill hinunter, vorbei an den Reihenhäusern des Boston Common, dann die Commonwealth Avenue entlang und hinunter zum Ufer. Als wir an diesem Abend in unser Hotelzimmer zurückkamen, kochten wir eine Kanne schwarzen Tee, legten unsere müden Füße hoch und knabberten langsam die Éclairs von Mike's, die wir für einen späten Imbiss aufgehoben hatten. Ein Biss nach dem anderen. Hätte die Reise an diesem Tag geendet, wäre ich zufrieden gewesen.

Am zweiten Tag nahmen wir die U-Bahn nach Cambridge, weil wir die Harvard University besichtigen wollten. Ich kam nicht in den Genuss einer Ausbildung an einer der Ivy-League-Universitäten, aber für einen Tag konnte ich mir vorstellen, wie es sich wohl angefühlt hätte. Direkt vor dem Campus kauften wir Eis und gingen zum Harvard

Yard, um auf dem schattigen Rasen der Hitze zu entkommen. Campus-Mitarbeiter, Studenten und Touristen liefen überall herum. Die Einzigen, die uns wahrnahmen, waren die vielen Eichhörnchen von Harvard, die vermutlich leise hofften, dass wir ihnen unsere letzten Bissen der Eiswaffeln überließen. Nachdem wir fertig waren, zwangen wir uns für eine Entdeckungstour rund um den Campus zurück in die Sonne, aber zuvor mussten wir noch die Spitze von John Harvards linkem Schuh reiben, was Glück bringen soll.

Von Boston aus nahmen wir übers Wochenende einen Zug zurück nach New York und beschlossen, dass wir nicht abreisen konnten, bevor wir nicht unsere erste Broadway Show gesehen hatten. Ich war inzwischen viermal in dieser Stadt gewesen und hatte es nie in ein Theater geschafft. Okay, Musiktheater waren nie meine erste Wahl in Sachen Unterhaltung, aber das hier war anders. Broadway Shows in New York sind etwas Besonderes. Es gibt für jeden etwas. Wir standen in der Schlange des TKTS Discount-Ticket-Schalters am Times Square und kauften zwei Tickets für *Chicago* an diesem Abend. Begeistert lasen wir im Programm und entdeckten, dass Brandy Norwood als Roxie Hart auftrat – eine unserer Lieblingssängerinnen, als wir Kinder waren. Drei Stunden später hüpften wir mit herumschlenkernden Armen zurück zu unserem Hotel und sangen »All that Jazz«. Als wir am nächsten Morgen den Mietwagen abholten und über den Times Square aus der Stadt fuhren, sangen wir noch immer.

In der kommenden Woche kamen Sarah und ich an Plätze, die wir nicht erwartet hatten. Vor der Abreise hatten wir Hotelzimmer gebucht. Wir wussten also, wo wir in der Nacht schlafen würden, aber wir hatten keine Pläne, wie wir die

Tage in den jeweiligen Städten verbringen würden. Während wir von New York nach Philadelphia fuhren, machten wir einen spontanen Halt und besichtigten Gebäude der Princeton University. *Wir stellen uns vor, dass wir ein paar Stunden lang eine zweite Ivy-League-Ausbildung erhielten!* Wir erfuhren, dass Philadelphia nicht nur die Heimat von Liberty Bell war, sondern auch des besten Essens, das wir je probiert hatten. Wir erfuhren, dass die National Mall in Washington, D.C., eigentlich keine Mall, sondern ein riesiger Park war, mit dem Lincoln Memorial an einem Ende und dem United States Capitol am anderen, umgeben von weiteren Memorials, Museen und dem Smithsonian. Habe ich eigentlich erwähnt, dass ich über den Times Square gefahren bin und das nur überlebt habe, um davon zu berichten?

In Philadelphia und Washington, D.C., war die Hotelkette, in der Sarah uns kostenlose Zimmer organisiert hatte, keine geringere als das Ritz-Carlton. Ich hatte mir nie vorgestellt, dass ich jemals in so einem schicken Hotel übernachten würde. Allein die Tatsache, dass das einzige Wort, das mir zur Beschreibung einfiel, »chic« war, zeigte schon, dass ich nicht hierhergehörte. Mein Fünf-Dollar-T-Shirt und meine Chinos von GAP zeigten umso mehr, wie fehl am Platz ich war. Aber ich habe dort erfahren, dass Luxus-Hotels ein Erlebnis sind, das man nicht so schnell vergisst. Bei der Ankunft wusste der Page schon irgendwie unsere Namen, noch bevor wir ihn begrüßen konnten. In unseren Zimmern fanden wir selbst gemachte Süßigkeiten mit unserem speziellen Hashtag, den wir auf Instagram benutzt hatten, aus Schokoladenschrift: #sarahandcaitgoeast. Wenn wir am Abend zurück in unsere Zimmer kamen, waren die Betten vorbereitet: Das Hauspersonal hatte die Vorhänge zugezogen, die Nachttischlampen eingeschaltet, das Bett aufgedeckt und eine Handvoll Schokoladentäfelchen auf dem Kopfkissen verteilt. Sarah war diesen Service gewöhnt, aber ich hatte bis zu dieser Reise nicht einmal gewusst, dass es so etwas überhaupt gab.

An einem unserer letzten Tage beobachteten wir einen Regenbogen, gerade als die Sonne über der Georgetown Waterfront unterging, und ich bemerkte, dass ich mich langsam gut fühlte. Ich war nicht jede Stunde des Tages glücklich. Ich hatte im Zug von Boston nach New York ein paar Tränen vergossen und ein paar besorgte SMS mit Alli ausgetauscht. Aber es war okay. Auf der Reise mit Sarah hatte ich gelächelt, Witze gemacht, gelacht, getanzt und gesungen. Ich hatte mir die freie Zeit genommen, die ich brauchte. Viel wichtiger, ich hatte mich an die erste Stelle gesetzt. Ich hatte mich von dem Gefühl verabschiedet, dass ich irgendjemandem gegenüber verpflichtet war, oder dass ich es jedem recht machen musste. Ich tat, was ich wollte und wann ich es wollte. Mein Glück stand an erster Stelle. Und es ging mir gut damit. Die Fotos, die wir von diesem Moment machten, waren wunderschön und hängen seitdem gerahmt in meinem Herzen.

Mit jeder Meile, die wir fuhren, und jeder Stadt, die wir besichtigten, wurde mir bewusst, dass ich es dem Shopping-Bann zu verdanken hatte, hier zu sein – und dass ich in diesem Jahr überhaupt so viel reisen konnte. Schon seit meinem Highschool-Abschluss hatte ich mir immer gewünscht, mehr von der Welt zu sehen, aber nie das Geld dafür gehabt. Vor diesem Jahr war meine einzige Reise ins Ausland ohne meine Familie (außer beruflichen Trips oder zu Konferenzen) ein Mädels-Wochenende in Las Vegas, und das war nur möglich, weil Las Vegas so unglaublich billig war. Wenn mir meine Freunde von ihren Abenteuern auf ihren Reisen durch Europa, Südostasien, Australien und Neuseeland vorschwärmten, lehnte ich Reisen nach Costa Rica, Nicaragua und in die Dominikanische Republik ab. Meine Begründung damals lautete immer, dass ich nicht genug Geld dafür hatte. Das stimmte. Hätte ich mich aber in meinem Apartment umgesehen, hätte ich erkannt, dass ich das Geld hatte – oder dass ich zumindest Zugang zu einem Kredit hatte. Ich hatte nur beschlossen, das Geld für andere Dinge auszugeben.

Ich hatte auch immer erklärt, dass ich mir nicht freinehmen konnte, und ich konnte mir mit Sicherheit keinen unbezahlten Urlaub leisten. Ich dachte, dass ich mehr verdienen müsste, damit ich mir mehr Wünsche erfüllen konnte. Und dann wollte ich noch mehr Dinge, was bedeutete, dass ich noch mehr verdienen musste. Das war der Teufelskreis, mit dem ich zu vielen Sachen kam, vielen Schulden und sonst nichts. Plötzlich dämmerte mir, dass ich mich an die meisten Dinge, die ich in den letzten elf Monaten losgeworden war, nicht einmal erinnern konnte. Aber ich konnte mich an jede einzelne meiner Reisen erinnern. Ich musste keine Souvenirs mitbringen. Ich würde mich immer an den Geschmack des Essens erinnern können, an die Sehenswürdigkeiten und wie sich die Sonne auf meiner Haut angefühlt hatte. Das wollte ich schon als Teenager und hatte mir den Wunsch endlich erfüllt. Endlich lebte ich das Leben, von dem ich immer geträumt hatte.

Am letzten Abend unserer Reise saßen Sarah und ich mit unseren Laptops auf unseren Betten, schrieben noch schnell Beiträge für unsere freien Auftraggeber und planten Anrufe und Meetings für die kommende Woche. Sarah hatte vor fast einem Jahr den Absprung geschafft und ihren Job aufgegeben, um freiberuflich zu arbeiten. Sie war für mich eine ständige Quelle der Inspiration. Sie war das Vorbild für die Vision meines zukünftigen Erfolgs: Zur produktivsten Zeit arbeiten, mehr Zeit mit den Leuten verbringen, die man mochte, und um die Welt reisen. Ich fragte sie, ob sie dachte, dass ich auch freiberuflich arbeiten könnte. »Deine Kontakte zu Menschen, das ist deine Superkraft, Cait«, antwortete sie, gefolgt von dem, was auch mein Dad sagte: »Du schaffst das!«

Auf unserer Fahrt zurück nach New York, von wo aus wir nach Hause fliegen würden, erhielt ich eine E-Mail mit einem Angebot, das ich nicht ablehnen konnte. Nachdem ich so vielen Leuten erzählt hatte, dass ich mich demnächst selbstständig machen würde, schrieb einer meiner Auftraggeber, dass er bis zum Ende des Jahres genug Jobs für mich hätte. Ich könnte beginnen, sobald ich es einrichten könnte, und so viel oder so wenig arbeiten, wie ich wollte. »Wären Sie daran interessiert?« Ehrlich gesagt, wusste ich es nicht. Es war eigentlich nicht die Art Arbeit, die ich wollte, und wurde nicht annähernd so gut bezahlt wie manch anderer Job. Aber ich wusste, was dieses Angebot bedeutete: die Gelegenheit für meinen Ausstieg. Ich wagte den Absprung immer noch nicht. Ich war nicht sicher, ob ich dazu bereit war, und wusste nicht, was ich tun sollte, wenn dieser Auftraggeber mich fallen ließ – oder wenn irgendeiner meiner anderen Auftraggeber mich in der Zukunft fallen ließe. Was ich aber als Einziges sicher wusste, war, dass ich dank meiner freiberuflichen Arbeit genug Geld haben würde, um bis zum Ende des Jahres auszukommen. Auch wenn ich nur bis dahin selbstständig arbeitete, würde es das nicht wert sein?

Als ich nach Hause kam, rief ich meine Chefin an und kündigte mit einer Vierwochenfrist. Sobald der Shopping-Bann vorbei war, würde ich frei sein.

12

Juni:
Einpacken und
weitergehen

Alkoholabstinenz: *29 Monate*
Gespartes Gehalt: *42 Prozent*
Vertrauen darin, das Projekt erfolgreich abzuschließen:
100 Prozent

Die letzten Wochen des Shopping-Banns verunsicherten mich mehr als das ganze Jahr über. Dieses Mal blühte ich jedoch dadurch auf. Wenn ich am Morgen erwachte, spürte ich das Adrenalin in mir, da ich wusste, dass ich einen Tag näher dran war, mein eigener Boss zu sein. Ich lief auf Zehenspitzen in meinem Apartment umher und erwischte mich gelegentlich dabei, wie ich durch die Küche tanzte, während ich darauf wartete, dass mein Kaffee brodelte. Ich fühlte mich stärker, wenn ich an meinem Schreibtisch saß, um die letzten Aufgaben auf meiner To-do-Liste abzuhaken. Mit gestrafften Schultern atmete ich tiefer ein, was meine Lungen und meinen Körper mit Hoffnung erfüllte. Das Ende war absehbar, und ich konnte endlich wieder atmen.

Einige der Dinge, die ich an mir selbst zu lieben gelernt hatte, wurden erst sichtbar, als ich mein Leben änderte. Mich selbst aus dem Schuldenberg herauszuarbeiten zeigte mir, wie viel Entschlossenheit ich besaß. Mit einem knappen Budget zu leben zeigte mir, wie erfinderisch ich sein konnte. Auf meine Gesundheit zu achten bestätigte mir, dass ich die Kontrolle über meinen Körper und meinen Geist hatte. Keinen Alkohol zu trinken zeigte mir täglich, dass ich keine Hilfe brauchte, um Spaß zu haben oder lustig zu sein. Und das Shoppen für ein Jahr aufzugeben zeigte, dass ich mehr Willensstärke besaß, als ich dachte. Ich war glücklicher, wenn sich meine Aufmerksamkeit nicht darauf fokussierte, was ich kaufen könnte. Jede dieser Herausforderungen zwang mich dazu, meine Gewohnheiten anzupassen, um mich selbst aus der Komfortzone herauszubewegen. Ich hatte bei jeder unterschiedliche Befürchtungen und Ängste, aber viele davon hatten dieselbe Ursache: Veränderungen und die Unsicherheit, die diese mit sich bringen. Meinen Job zu kündigen und freiberuflich zu arbeiten war nichts anderes, aber ich war bereit dafür.

Das bedeutet jedoch nicht, dass ich keine Angst hatte. Ebenso oft, wie ich mich durch die Küche tanzen sah, sah ich mich innehalten und fragen, was ich da aufgegeben hatte. Eine feste Arbeit und regelmäßige Gehaltszahlungen. Ich rechnete mir anhand verschiedener Szenarien aus, wie viel ich jeden Monat verdienen könnte, und prüfte, wie es mein Budget und meine Pläne beeinflussen würde. Dann kontrollierte ich, wie viel ich gespart hatte – nur 1000 Dollar weniger als ursprünglich geplant –, was mich daran erinnerte, dass ich es schaffen konnte. Ich hatte mir fünf Monate zum Sparen eines bestimmten Betrags gegeben und den Großteil davon in nur drei Monaten zur Seite gelegt. Auf etwas zu sparen war leicht, jetzt mit einem Ziel. Ich war überzeugt und ich hatte Ideen – und ich konnte es schaffen.

Meine größte Befürchtung hatte nichts mit Zahlen zu tun. Es war die Tatsache, dass ich meine Chefin anrufen und kündigen musste. Sie war wirklich ein Risiko eingegangen, und ich glaube, ich werde mich ihr dafür immer verpflichtet fühlen. Aber sie war auch meine Freundin und ein unglaubliches Vorbild für jeden – nicht nur für Frauen –, der eines Tages seine eigene Firma gründen wollte. Bei ihr lernte ich natürlich die finanzielle Seite der Dinge. Aber sie zeigte mir auch, wie wichtig es war, mit Leuten zu arbeiten, die man mochte, und die das, was sie taten, gerne taten. Die Art, wie sie bei einem Meeting wegen eines sechsstelligen Deals übergangslos fragen konnte, ob man die letzte Folge einer Reality-Show gesehen hatte, zeigte, dass man sich nie zu ernst nehmen sollte. Ihre Anrufe in letzter Minute vor einem Fernsehinterview, in denen wir schnell die wichtigen Punkte durchgingen, war nur eine der vielen Arten, mit denen sie zeigte, wie wichtig es war, um Hilfe zu bitten. Nie zuvor hatte ich mit jemandem wie ihr gearbeitet. Wenn ich an alle vorhergehenden Jobs zurückdachte, war es nur logisch, dass ich immer im selben Stadium der Apathie gekündigt hatte.

Ich wurde nicht herausgefordert, ich lernte nichts dazu, und daher entwickelte ich mich nicht weiter. Sie zeigte mir, dass es möglich war, all diese Dinge zu erfahren – herausgefordert zu werden, zu lernen und sich weiterzuentwickeln –, alles auf einem Posten, und ich würde täglich weiterlernen, nachdem ich das Unternehmen verlassen hatte. In dieser Position war ich lange Zeit glücklich und hätte mir nie vorstellen können zu kündigen, vor allem nicht, um mich selbstständig zu machen. Freiberuflich zu arbeiten gehörte niemals zu meinem Plan. Aber jetzt fragte ich mich, ob es schon immer mein Schicksal gewesen sei. Wenn wir beide das Risiko eingingen, indem ich von ihr lernte und mich dann selbstständig machte, dann war es genau das, was passieren sollte. Sie bestätigte meine Gedanken, als ich ihr von meinen Plänen erzählte. »Ich wusste schon immer, dass ich diesen Anruf eines Tages bekommen würde, Cait.« Ich fühlte, wie sie durch das Telefon lächelte.

Es war ein hektischer Monat. Wir begannen, einen Nachfolger für mich zu suchen, aber mit den Urlaubsplänen würde die endgültige Entscheidung erst Wochen nach meinem Ausscheiden getroffen werden. Inzwischen arbeitete ich ein paar Leute des Teams ein, an die ich meine Aufgaben weitergeben würde, erstellte Arbeitsplatzbeschreibungen und erklärte dem neuen Redakteur meine Aufgaben. Außerdem entwarf ich einen Ablauf, mit dem unsere Freiberufler in der Zwischenzeit arbeiten konnten. Seit Monaten hatte ich zum ersten Mal das Gefühl, dass mein Organisationstalent zum Einsatz kam.

Als der letzte Tag näher rückte, konnte ich meine Gedanken nicht davon abhalten, von der Arbeit abzuschweifen und mir Fragen über die Zukunft zu stellen. Wie würden meine Tage aussehen? Würde ich mehr Energie in meinen eigenen Blog stecken können? Wie würde ich das zusätzlich zu meiner freiberuflichen Arbeit hinbekommen? Wäre es in Ordnung, wenn ich einen Auftraggeber verlöre? Was würde ich tun, wenn ich alle verlöre? Jedes Mal, wenn mich diese Gedanken zu sehr nach unten zogen, sah ich mir die Zahlen an und erinnerte mich daran, dass es klappen würde. Ich hatte genug Jobs akquiriert, um bis zum Ende des Jahres überleben zu können. Ich wusste nicht, was danach passieren würde, aber ich könnte das einfach für sechs Monate meines Lebens tun, und es würde es wert sein. Mit so vielen Unbekannten zu leben würde nicht einfach werden, aber ich hatte es ja zuvor getan. Eigentlich hatte ich es getan, seit ich trocken war. »Einen Tag nach dem anderen zu leben und einen Moment nach dem anderen zu genießen.«

Mein letzter Arbeitstag war der 26. Juni 2015. Nachdem ich meinen Posteingangsordner komplett geleert hatte, entfernte ich die Haftnotiz, die seit April an meinem Computer hing. »1. Juli« war nicht nur ein Stretch Goal, im April schien es noch ein nicht zu bewältigender Kraftakt zu sein. Ich hätte inzwischen wissen müssen, dass alles möglich war, wenn ich es zur Priorität erklärte.

In dem Moment, in dem ich meinen Job kündigte, begann ich auch über einen Umzug zurück in meine Heimatstadt nachzudenken. Ursprünglich hatte ich Victoria im Jahr 2012 für diesen Job verlassen und war davon ausgegangen, dass ich bis zur Rente nicht zurückkehren würde. Ich hatte immer gedacht, dass der einzige Weg für ein erfolgreiches

Leben darin bestand, die Karriereleiter hinaufzuklettern, was sich in Victoria eigentlich nicht anbot. Es war eine Stadt mit einer Landesregierung, und dorthin wollte ich nicht zurück. Ich wollte auch keinen Job, bei dem es nur darum ging, jährlich eine Beförderung und eine Gehaltserhöhung einzustreichen, und wenn du in einer großen Stadt wohnst, dann kann es sich so anfühlen, als wäre das alles, wofür du arbeitest. Mehr Arbeit, mehr Geld, mehr Dinge. Ich wollte keines davon. Und nun brauchte ich keines davon. Alles, was ich brauchte, war genug Geld zum Leben, zum Sparen und für gelegentliche Reisen. Durch den Shopping-Bann wusste ich genau, wie viel das kosten würde.

Ein weiterer Grund, warum mich der Gedanke faszinierte, zurück nach Victoria zu ziehen, war der langsamere Lebensstil in kleineren Städten, mit Leuten, die dankbar für alle kleinen Dinge des Lebens waren. Ich wollte mich mit Menschen umgeben, denen Leben mehr wert war, als zu arbeiten, und mehr Zeit in der Natur statt Zeit online verbringen. Dinge selbst machen, anstatt für jede mögliche Annehmlichkeit zu bezahlen. Ich war nach Toronto gezogen und dann in den Großraum Vancouver, weil ich dachte, dass ich in einer großen Stadt leben musste, um mir einen Namen und eine Karriere aufzubauen. Ich habe mir aber nie überlegt, ob das wirklich das war, was ich wollte. Es war es nicht. Ich wusste nun, worin meine Werte bestanden, und ich wollte in einer Stadt mit Menschen leben, die diese mit mir teilten. Außerdem konnte ich als Freiberuflerin überall leben. Warum sollte ich also nicht in derselben Stadt wie meine Familie und meine Freunde leben? Ich wusste nicht, ob ich für immer zurückziehen würde, aber ich wusste auch, dass nichts für immer war. Wenn ich weiter einen Tag nach dem anderen lebte, dann war es dort, wo ich es tun wollte.

Als ich zu packen begann, dachte ich über das letzte Jahr nach. Ich musste lachen, wenn ich daran dachte, wie skurril dieses Experiment für mein Umfeld anfangs geklungen haben musste. Erst verkündete ich ihnen, dass ich ein ganzes Jahr nicht shoppen würde, was natürlich mit gerunzelter Stirn und vielen Fragen aufgenommen wurde. Aber dann krönte ich das Projekt mit einer weiteren Information, nämlich dem Plan, alle meine Besitztümer loszuwerden, die ich nicht nutzte oder gerne mochte. Zu diesem Zeitpunkt gab es kein schlüssiges Argument dafür, wie diese beiden Dinge miteinander zusammenhingen oder warum ich beides gleichzeitig machen wollte. Ich hatte nur diese eine Zeile in meinem Blog gepostet: »Ich bin noch immer nicht die bewusste Konsumentin, die ich gerne wäre.« Ich wusste nicht, was das endgültige Ziel war oder auf was ich mich eigentlich einließ. Ich sprang einfach mit beiden Beinen voraus in mein Vorhaben, wie immer ohne Kompass, und hoffte auf das Beste.

Mit der Aufgabe, ein ganzes Jahr lang nicht zu shoppen, legte ich den Grundstein für eine Niederlage oder für das reichste Jahr meines Lebens und ich bin erleichtert, dass ich sagen kann, dass es zu Letzterem wurde. Bei dem gesamten Projekt war ich gezwungen, langsamer zu machen, meine Auslöser zu analysieren, die mich Geld ausgeben und exzessiv konsumieren ließen, meine schlechten Gewohnheiten zu erkennen und zu ändern. Ich gab die Dinge auf, von denen uns Marketingfachleuchte überzeugen wollen, dass wir sie im Leben wollen: Das Neueste und das Größte von allem. Alles, was unsere Probleme löst, und alles, was gerade angesagt ist. Ich tauschte es gegen Grundbedürfnisse ein, und nach einem Jahr, in dem ich nichts Neues kaufen durfte, stellte ich fest, dass ich nichts anderes brauchte. Niemand brauchte etwas anderes. Ich war immer in dem Teufelskreis gefangen, mehr zu wollen, mehr zu kaufen und deshalb mehr Geld zu brauchen. Der Bann offenbarte mir die Wahrheit, die in der Entscheidung dafür bestand, weniger zu wollen. Dann kauft man weniger, und schließlich braucht man weniger Geld.

Zu der Entscheidung, 70 Prozent meines Besitzes auszumisten und auszuräumen, kam ich in mehreren Schritten. Ich stellte fest, dass ich in den ersten 29 Jahren meines Lebens getan und gekauft hatte, was immer ich konnte, um jemand zu sein, von dem ich dachte, dass ich so sein sollte. Ich behielt so viele Sachen und konsumierte die falschen Dinge, alles weil ich nie das Gefühl hatte, gut genug zu sein. Ich war nicht schlau oder professionell oder talentiert oder kreativ genug. Ich glaubte nicht daran, dass ich, wer ich auch war oder was ich zu sagen hatte, in jeder Situation bereits einzigartig war. Also kaufte ich Dinge, die mich besser machen würden. Dann verbrachte ich ein Jahr damit, das Durcheinander zu sortieren und herauszufinden, wer ich wirklich war. Eine Autorin und eine Leserin. Wandernde und Reisende. Hundebesitzerin und Tierliebhaberin. Schwester, Tochter und Freundin. Es stellte sich heraus, dass ich nie jemand war, dem Materielles wichtig war. Ich schätzte die Menschen in meinem Leben und die gemeinsamen Erfahrungen und Erlebnisse. Nichts von alledem könnte man in Form von Besitz wiederfinden. Es war immer in meinem Herzen.

Hätte ich nur ein Jahr lang mit dem Shoppen aufgehört, hätte ich mich als Konsumentin kennengelernt. Hätte ich nur mein Apartment ausgemistet, hätte ich viel über meine Interessen erfahren. Aber beides zur selben Zeit durchzuziehen war wichtig, weil es mich zwang, nicht länger auf Autopilot zu leben und meine Entscheidungen infrage zu stellen. Wer war ich? Bis wohin habe ich es geschafft? Was war mir wichtig? Was wollte ich wirklich in diesem Leben? Unsere Familiengeschichte zeigte, dass ich mit etwas Glück 85 Jahre auf dieser Erde sein würde. Was wollte ich mit dieser Zeit anfangen? Ich würde immer für Dinge bezahlen müssen, würde essen und Wasser trinken müssen, um zu überleben. Das war eine Tatsache. Aber ich war privilegiert genug, in einer Position zu sein, in der ich aussuchen konnte, für was ich Geld ausgeben wollte und was ich meinem Körper zuführte. Diese Erkenntnis half mir, nicht nur eine bewusstere Konsumentin zu werden und dabei noch Geld zu sparen, es erweiterte meine Fähigkeit, mich um andere zu kümmern und Dankbarkeit für die einfachen Dinge zu empfinden.

Manchmal fragte ich mich noch, wie mein Leben ausgesehen haben könnte, wenn ich die Dinge anders gemacht hätte. Wenn ich den Rat meines Dads angenommen hätte, als ich jünger war, und verantwortungsvoller mit meinem Geld umgegangen wäre. Es ist die gleiche Frage, die ich mir zu meinen ganzen Konsumtendenzen gestellt habe, vor allem über meine Trinkgewohnheiten. Wie hätte mein Leben aussehen können, wenn ich nicht in diese Konsumfallen getappt wäre? Aber dann erinnere ich mich daran, dass ich diese Fehler machen musste, um etwas zu lernen und um zu dem Menschen zu werden, der ich heute bin. Das bedeutet nicht, dass die Energie meiner Eltern verschwendet war. Im Gegenteil: Der Grund, warum ich es schaffte, zu vielen dieser Schlussfolgerungen in meinen Zwanzigern zu kommen, lag vermutlich in meiner Erziehung und allem, was sie mir beigebracht hatten. Wenn mein Bauchgefühl mir sagte, dass ich etwas machte, das schlecht für mich war, glaube ich, dass ich das teilweise meinen Eltern zu verdanken habe. Natürlich machte ich noch immer Fehler, natürlich würde ich noch immer Fehler machen. Erst nachdem ich alle Dinge, von denen ich gedacht hatte, dass ich sie haben musste, losgeworden war, stellte ich fest, was ich eigentlich wollte.

Als ich mich dieser Herausforderung stellte, ging es um Geld. Um Geld ausgeben. Da begann die Geschichte, und da beginnen viele meiner Geschichten. Genauso, wie mir das Trockensein half, jedes Jahr Geld zu sparen, hatte der Shopping-Bann eigentlich dasselbe bewirkt. Aber rückblickend ging es eigentlich nie wirklich um Geld. Das Beste, was das Verbot mir brachte, war, mein Leben in die Hand zu nehmen und einen Neuanfang als mein wahres Ich zu starten. Es stellte mich vor Aufgaben. Es stellte mein Leben auf den Kopf. Es half mir, 17.000 Dollar in nur einem Jahr zu sparen. Und es rettete *mich*.

Als ich weiterpackte, sah ich mich im Spiegel im Esszimmer und bemerkte, dass ich kein Make-up trug. Vor dem Shopping-Bann hätte ich es nicht gewagt, in die Welt hinauszugehen, ohne wenigsten Eyeliner, Lidschatten und Mascara aufzutragen. Der Gedanke war erschreckend, dass Leute sahen, wie müde ich ohne all das aussah. Inzwischen konnte ich mich nicht daran erinnern, wann ich das letzte Mal irgendetwas anderes auf mein Gesicht aufgetragen hatte außer Feuchtigkeitscreme. Das war niemals Teil des Plans. Ich hatte keine Meinung dazu, ob Frauen Make-up tragen sollten oder nicht, genauso wenig, wie es mich interessierte, für was die Leute ihr Geld ausgaben. Es ist eine persönliche Entscheidung, und ich hatte nicht die Absicht, zu jemandem zu werden, der darauf verzichtete. Aber ich sah immer wieder, dass jede kleinste Veränderung sich mehrfach auszahlt. Es hilft bei weiteren Veränderungen, Änderungen der Denkweise, weiteren Entscheidungen, anders zu leben. Wenn ich in Zukunft wieder Make-up auflegte, würde es die Leute nicht davon abhalten, mein wahres Ich zu sehen – es würde nur für mich sein.

Ich brauchte nur wenige Stunden, um fertig zu packen, da ich nur noch 30 Prozent all der Dinge besaß, die es einmal in meinem Zuhause gab. Mit Ausnahme meiner Möbel passte meine gesamte Habe in acht kleine Kartons, und meine gesamte Garderobe – insgesamt nun nur 29 Teile – passte in einen Koffer. Dieses Mal war ich glücklich, sie von einem Zuhause in ein neues zu tragen, da ich jetzt genau wusste, was in jeder Kiste war. Nachdem alles andere verpackt und fortgegeben war, war das Übrige mein wahres Ich. Es war nicht viel, aber es war genug.

Es war genug. Ich hatte genug.

Ich war genug.

Epilog

Mein Shopping-Bann endete am 6. Juli 2015. In diesem Jahr lebte ich durchschnittlich von 51 Prozent meines Einkommens (28.000 Dollar), sparte 31 Prozent (17.000 Dollar) und gab die anderen 18 Prozent (10.000 Dollar) für Reisen aus. Ich hatte bewiesen, dass ich mit weniger leben konnte, mehr sparen konnte und mich mehr mit dem beschäftigen konnte, was ich gerne tat. Im Lauf dieses Prozesses lernte ich auch so viele andere Dinge. Ich hätte das Projekt mit einem Erfolgsgefühl beenden können. Es war ein Erfolg. Stattdessen veröffentlichte ich am folgenden Tag (meinem 30. Geburtstag) einen Post auf meinem Blog, in dem ich ankündigte, dass ich den Shopping-Bann für ein weiteres Jahr fortführen wollte.

Die Regeln waren im Wesentlichen dieselben, außer dass ich dieses Mal etwas tun wollte, das ich bedauert hatte, im ersten Jahr nicht getan zu haben: Jedes einzelne Ding, das ich kaufte und konsumierte, aufzuschreiben. Der Gedanke daran, wie viele Zahnpastatuben ich verbrauchen würde, ließ nicht gerade Freude aufkommen, wie Marie Kondo sagen würde. Ich wollte aber meiner Recherche ein paar empirische Daten hinzufügen und den Lesern zeigen, was eine durchschnittliche Konsumentin tatsächlich innerhalb eines

Jahres kaufen musste. Ich wusste nicht, was mich erwartete, aber ich vermutete, dass ich sehr viel weniger brauchen
würde, als ich dachte, und das war auch so. Nur als Beispiel,
ich verbrauchte fünf Deo-Sticks, vier Tuben Zahnpasta, zwei
Flaschen Shampoo und zwei Flaschen Pflegespülung. Das zu
wissen ist nicht unbedingt weltbewegend, aber es schützt
mich davor, jemals wieder zu glauben, dass ich Kosmetikartikel hamstern muss.

Ein weiterer Grund, warum ich mit dem Bann weiterma-
chen wollte, war der, dass ich noch nicht in den Genuss
der neuen Regeln gekommen war, die ich im Januar aufge-
stellt hatte. Reinigungsmittel und Waschmittel sind mir nie
ausgegangen, sodass ich nie selbst welche herstellen musste.
Ich hatte auch noch keine Kerzen gemacht oder ein Beet
angelegt, sondern hatte beschlossen, ohne sie zu leben. Aber
der Umzug zurück nach Victoria bestätigte mich darin, dass
ich mich diesen Herausforderungen stellen wollte. Ich legte
einen kleinen Garten an, musste erkennen, dass ich keinen
grünen Daumen hatte, freue mich aber, dass ich es trotzdem
weiter versuche. Manche Leute sind einfach dazu bestimmt,
sich um Sukkulenten und Kakteen zu kümmern.

Was das Entrümpeln angeht, packe ich weiter Tüten und
gebe Dinge weg, die ich nicht benutze, und bin so ungefähr 75 bis 80 Prozent meines Besitzes losgeworden. Eine
der Fragen, die mir am häufigsten gestellt werden, ist die, ob
es nicht etwas gibt, das ich bedaure weggegeben zu haben,
und die Antwort lautet: Nein. Um ehrlich zu sein, erinnere
ich mich nicht einmal daran, was das meiste war. Ein Teil,
an das ich mich erinnere, es im zweiten Jahr des Verbots ver-
kauft zu haben, war eine Markenhandtasche, die mir immer

peinlich war. Ich bin eine Frau, die gerne, eigentlich jeden Tag schwarze Leggings und ein Flanellhemd trägt. Ich bin kein Typ für Marken, aber ich behielt diese Tasche jahrelang, weil es schien, als ob die professionelle Cait so eine Tasche haben sollte. Als das zweite Jahr des Shopping-Banns vorbei war, tauschte ich die Tasche gegen einen 60l-Rucksack, den ich auf meine Wochenendwanderungen mitnehmen kann. Das ist etwas, das mir nie peinlich sein wird.

Reisen ist etwas, für das ich weiterhin gerne Geld ausgebe. Im zweiten Jahr des Banns reiste ich nach Portland, Oregon, Charlotte, North Carolina, Toronto, Winnipeg, Salt Spring Island, Galiano Island, Tofino und Vancouver und mehrere Male nach Squamish (wohin ich schließlich ziehen würde). Nach dem Bann machte ich ganz alleine einen sechswöchigen Trip durch die USA. Obwohl ich die Freiheit und das Geld habe, etwas »Größeres« zu tun, wie etwa ein paar Monate in einem fremden Land zu leben und dort zu arbeiten, hatte ich festgestellt, dass es mir wichtiger war, zuerst Nordamerika zu erkunden. Es ist einfach, deine unmittelbare Umgebung als etwas Selbstverständliches anzusehen, und ich habe das Glück, in einem der schönsten Teile dieses Kontinents zu leben.

Nach dem zweiten Jahr des Banns beschloss ich, das Experiment nicht weiterzuführen, aber nur, weil die Verhaltensweisen unter dem Bann bereits in meinen Lebensstil integriert waren. Ich führe keine Inventarlisten (um ehrlich zu sein, habe ich das nie getan, nachdem ich sie entworfen hatte), aber ich kaufe Dinge nur, wenn ich sie wirklich brauche, und niemals einfach nur, weil sie reduziert sind. Vielleicht denkt man, dass das bedeutet, dass ich beim Einkaufen mehr Geld ausgebe; doch das Gegenteil ist der Fall, weil ich für nichts Geld verschwende. Jeder meiner Einkäufe ist sorgfältig überlegt und nicht vom Impuls geleitet. Seit dem Black Friday 2014 hatte ich keinen Blackout mehr beim Einkaufen. Seitdem habe ich auch meinen alten E-Reader kaum benutzt. Gelegentlich kaufe ich Bücher, aber nur, wenn ich weiß, dass ich sie auch sofort lesen werde, und im Allgemeinen gebe ich sie an Freunde oder die Bücherei vor Ort weiter, wenn ich sie ausgelesen habe.

Meiner Familie geht es gut. Wir versuchen immer noch herauszufinden, wie unser neues normales Leben aussieht, aber wir tun es gemeinsam, worauf ich von Anfang an hätte vertrauen sollen. Es macht mich traurig, schreiben zu müssen, dass »die Mädels« – unsere geliebten Hunde – beide im Mai 2017 gestorben sind. Aber sie verbrachten ihre letzten Jahre in unserem Haus und wurden bis zum Ende geliebt.

Was die Arbeit angeht, bin ich immer noch mein eigener Chef und muss mich ständig daran erinnern, dass es keinen Weg gibt vorherzusagen, was die Zukunft bringt – und das ist in Ordnung. Ich weiß nicht, was als Nächstes passieren wird. Ich weiß nicht, was für Aufträge ich bekomme und wie viel ich verdienen werde oder wohin ich als Nächstes reisen werde. Ich wusste nicht einmal, dass ich die Gelegenheit bekommen würde, dieses Buch zu schreiben, bis es tatsächlich passiert ist. Alles, was ich weiß, ist, dass ich mit meinem jetzigen Leben zufrieden bin. Ich habe fünf Jahre des Trockenseins hinter mir, und ich bin zuversichtlich, dass ich nie wieder trinken werde, egal, was das Leben für mich bereithält.

Epilog

Heute stufe ich mich als ehemalige maßlose Konsumenten ein, die in jeder Hinsicht zu einer bewussten Konsumentin geworden ist. Ich versuche weiterhin, weniger Dinge zu konsumieren, von denen ich das Gefühl habe, dass sie für mich keinen Wert haben, einschließlich ein dreißigtägiger Social-Media-Detox und ein weiterer Monat ohne Fernsehen. Ob es diese Experimente sind oder der Shopping-Bann, ich höre immer wieder die Bedenken der Leute, die sich durch den Bann zu sehr eingeschränkt fühlen. Ich verstehe, dass man sich leicht darüber sorgen kann, deshalb ist mein Rat immer derselbe: Erinnere dich daran, dass alles, zu dem du dich verpflichtest, dich bremst, und frage dich, was du wirklich willst, anstatt impulsartig zu handeln. Das war's. Das bedeutet es, eine »bewusste« Konsumentin zu sein.

Eines der wichtigsten Dinge, die ich in diesen Jahren gelernt habe, ist, dass wann auch immer du an maßloses Konsumieren denkst, es in der Regel daran liegt, dass ein Teil von dir oder deines Lebens sich anfühlt, als fehlte es – und nichts, was du trinkst, isst oder kaufst, kann daran etwas ändern. Ich weiß das, weil ich alles probiert habe und nichts davon geholfen hat. Stattdessen musst du dein Leben vereinfachen, Dinge loswerden und herausfinden, was wirklich passiert. In dem Teufelskreis gefangen zu sein, mehr zu wollen, mehr zu konsumieren und noch mehr zu brauchen, hilft auf keinen Fall.

»Mehr« war niemals die richtige Antwort. Die richtige Antwort lautete, wie sich herausgestellt hat, schon immer »weniger«.

Anleitung zum bewussten Konsum

Liebe Leserin, lieber Leser,

wenn dich meine Geschichte dazu inspiriert hat, selbst ein ähnliches Experiment durchzuführen, lass mich zunächst sagen: Es freut mich so für dich! Sich einer Herausforderung wie dieser zu stellen ist nicht einfach. Ich weiß aber, dass es möglich ist durchzuhalten, seine Geldausgabegewohnheiten zu ändern und dabei herauszufinden, was einem im Leben am besten gefällt.

Wenn ich das sage, weiß ich natürlich, dass es zwei Paar Stiefel sind, sich solch einer Herausforderung zu stellen und sie dann erfolgreich durchzuziehen. Man muss sich auf »Was, wenn?«-Situationen vorbereiten, eigene Ziele und Regeln festlegen und vielleicht sogar andere Menschen mit einbeziehen. Im Lauf des Experiments wirst du vielleicht Dinge über dich herausfinden, die immer schon da waren, die du aber sicher hinter deiner Kaufkraft versteckt hast. Und ich glaube, wenn du es lange genug durchhältst, wirst du kreativer werden, als du jemals von dir gedacht hättest.

Ich will, dass du diesen Punkt erreichst. Ich will nicht, dass dich irgendeine »Was, wenn?«- Situation aufhält oder einen Rückfall auslöst oder dich zum Aufgeben des ganzen Experiments bewegt. Ich möchte, dass du dich durch wirklich alles durchkämpfst, sodass du dich selbst besser kennenlernst und kreative Wege findest, um durch diese Welt zu gehen, ohne dein Portemonnaie zu öffnen. Deine finanziellen Ziele können darin bestehen, weniger Geld auszugeben, mehr Geld zu sparen, insgesamt für etwas Besonderes zu sparen oder einfach bewusster zu konsumieren. Mit dieser Anleitung möchte ich dir helfen, dich zu organisieren, und dich bis zum Ende unterstützen, damit du dein Ziel erreichen kannst – ganz egal, worin es besteht.

Bevor du loslegst, möchte ich dich dazu anregen, kurz noch mal nachzudenken: der Grund für diese Herausforderung. Manche Leute nennen es ihr »Warum?«. Es könnte derselbe Grund sein, warum du alles im Leben tust, oder er kann ganz speziell mit dieser Herausforderung zusammenhängen. Wenn du Hilfe dabei brauchst, dein »Warum?« zu bestimmen, überlege, wo du in deinem Leben gerade stehst, und stelle dir folgende Fragen: Was willst du genau jetzt? Was erwartest du von deinem Leben? Welchen Fußabdruck willst du auf dieser Welt hinterlassen? Und warum?

Über die ganze Aufgabe hinweg möchte ich dich auch ermutigen, eine Liste deiner Werte zu erstellen. Deine Werte sollten nicht deine persönlichen Ambitionen widerspiegeln. Diese beiden Begriffe zu verwechseln war nur einer der Gründe dafür, warum ich Dinge für die ideale Version meines Selbst gekauft habe. Stattdessen können dir deine Werte als deine Prinzipien oder Verhaltensstandards dienen und als Grundlage für deine Bewertung, was im Leben wichtig ist. Wann immer dir einer deiner Werte klar wird, schreibe ihn auf die Liste. Trage sie immer bei dir (vielleicht sogar in deinem Portemonnaie). Wenn du dein Experiment zu Ende gebracht hast, hoffe ich, dass du einen Lebensstil erreicht hast, der deinen Zielen und Werten entspricht – und dein Budget ebenso. Wenn alles zusammenwirkt, ist es sehr viel einfacher, inneren Frieden, Wertschätzung und Dankbarkeit für alles, was du hast, zu finden.

Viel Glück!

1. Deine Wohnung entrümpeln

Bevor du mit dem Shopping-Bann für einen bestimmten Zeitraum beginnst, würde ich vorschlagen, dass du durch dein Zuhause gehst und alles loswirst, was in deinem Leben keinen Zweck erfüllt. Es geht nicht darum, die Dinge nur zu ordnen – analysiere sie, frage dich, was du behalten möchtest, trenne dich von allem anderen. Ja, das klingt irgendwie unlogisch. Du darfst drei oder sechs Monate oder vielleicht sogar ein Jahr lang nicht shoppen, und dazu sollst du noch deine Sachen loswerden? Aber erst mal zu entrümpeln kann dir die Augen öffnen, für wie viele Dinge du früher bereits Geld verschwendet hast. Das kann als Motivation dienen, während des Shopping-Banns nicht noch mehr Geld auszugeben. Es soll dir auch eine sichtbare Erinnerung daran sein, wie viele Dinge du behalten wirst.

2. Inventur machen

Man kann leicht vergessen, wie viele Dinge einem gehören, wenn alles in Schränken, Schubladen und Kisten verstaut ist. Beim Entrümpeln schlage ich vor, eine Inventur von all den Dingen zu machen, von denen du am meisten hast. Du musst nicht so genau sein, wie ich es war, da ich sogar aufgeschrieben habe, wie viele Stifte ich hatte. Stattdessen versuche das: Geh durch jedes Zimmer und schreibe die Top-fünf-Gegenstände auf, von denen du am meisten besitzt. Zum Beispiel in deinem Badezimmer hast du viele Shampoos, Pflegespülungen, Bodylotions, Zahnpastas und

Deodorants. Mache eine Inventur dieser Dinge und schreibe die Anzahl von allem auf, was du zurzeit »auf Lager« hast. Das sind Dinge, die du während deines Shopping-Banns nicht kaufen darfst – wenigstens nicht, bis sie alle sind und du wieder etwas brauchst.

3. Drei Listen erstellen

Wenn du ausgemistet und Inventur gemacht hast, sind dir vermutlich zwei Dinge klar geworden: Es gibt Sachen in deinem Haushalt, von denen du nicht noch mehr kaufen musst, und es gibt Sachen, die du vielleicht tatsächlich während des Shopping-Banns kaufen musst, und an diesem Punkt ist es Zeit, drei Listen zu machen.

- Liste für das Wesentliche*: Das ist die Liste mit den Dingen, die du kaufen darfst, sobald sie aufgebraucht sind. Am einfachsten ist es, diese Liste zu schreiben, wenn du bei dir zu Hause herumgehst und nachsiehst, was du täglich in jedem Zimmer verwendest. Für mich waren das Sachen wie Lebensmittel und Hygieneartikel, und ich nahm auch Geschenke für andere mit auf.

- Liste für das Unwesentliche*: Das ist die Liste der Dinge, die du während des Shopping-Banns nicht kaufen darfst. Für mich waren das Sachen, von denen ich dachte, dass ich sie mögen würde, die ich dann aber nicht regelmäßig nutzte, wie Bücher, Zeitschriften und Kerzen. Wenn du eine Inventur all dieser Dinge machst, notiere zur Information die vorhandene Anzahl daneben.

- Die genehmigte Shopping-Liste: Das ist die Liste mit Sachen, die du während des Shopping-Banns anschaffen darfst. Da du ausmisten und aufschreiben wirst, was du hast, solltest du darüber nachdenken, was in der Zeit des Shopping-Banns anstehen könnte, und auf diese Liste schreiben.

* Du wirst feststellen, dass ich keine »Kosten für Unternehmungen« notiert habe, wie auswärts essen oder einen Urlaub: Du kannst das natürlich in eine der Listen eintragen, wenn du möchtest. Musst du aber nicht. Ich hatte Coffee to go auf meiner Unwesentlich-Liste, nur weil ich dafür nicht länger viel Geld ausgeben wollte. Ich habe mir jedoch gelegentliche Restaurantbesuche erlaubt. Denk daran, dein Bann ist nur für dich.

4. Von Newslettern und Infopost abmelden

Da du nun deine drei Listen mit allen Dingen hast, die du kaufen und nicht kaufen darfst, ist es an der Zeit, möglichst vielen Versuchungen aus dem Weg zu gehen. Es beginnt mit den Nachrichten in deinem Posteingang. Melde dich von Newslettern der Händler und Dienstleister ab, die an dir Geld verdienen möchten. Wenn du noch einen weiteren Schritt gehen willst, melde dich bei den Social-Media-Kanälen deiner Lieblingsgeschäfte ab. Und wenn du noch einen Schritt weiter gehen willst, lösche alle Lesezeichen für Dinge, die du »eines Tages« anschaffen wolltest. Aus den Augen, aus dem Sinn.

5. Eröffne ein Shopping-Bann-Sparkonto

Ganz egal, was dein Ziel ist, du wirst auf jeden Fall Geld sparen, wenn du nicht shoppst. Du entscheidest, was du mit diesem Geld machst, ich empfehle aber, ein neues Sparkonto zu eröffnen und daraus dein spezielles Shopping-Bann-Sparkonto zu machen. Du entscheidest, wie viel Geld du jeden Monat einzahlst. Ich begann mit 100 Dollar monatlich, weil ich wusste, dass ich das sparen würde, wenn ich keinen Coffee to go kaufte. Eine weitere Idee ist es, Geld zu überweisen, das man gerade gespart hat, weil man einem Impulskauf nicht nachgegeben hat. Außerdem könnte man das Geld einzahlen, das man für den Verkauf von den Sachen bekommt, die man nicht mehr braucht. Schreibe etwas darauf wie »Braucht man das wirklich?« oder »Ist das auf der Shopping-Liste?«.

Falls du eine zusätzliche Erinnerung brauchst, klebe eine Haftnotiz auf deine Kreditkarten in deiner Brieftasche, die dich daran erinnert, dass du einen Shopping-Bann machst.

6. Erzähle jedem davon

Erzähle es zuerst deiner Familie, dem Partner und/oder den Kindern – insbesondere allen, die mit dir im selben Haushalt leben und am Familienbudget teilhaben. Auf der Grundlage dieser Gespräche müsst ihr gemeinsam entscheiden, ob alle bei dem Shopping-Bann mitmachen oder ob du mit gutem Beispiel vorangehst und es alleine durchziehst. Es könnte Widerstand von den anderen geben, wenn du alle ins Boot bekommen willst, bestehe also nicht darauf. Das Wichtigste ist im Moment, dass alle von deiner Absicht wissen, eine Zeit lang nichts zu kaufen. Erkläre deine Ziele, wie du glaubst, dass es dir und deiner Familie helfen kann, und ihr könnt sogar ein paar Ideen sammeln, was man mit dem ganzen Geld anstellen könnte.

Erzähle es danach den Menschen, mit denen du am meisten zusammen bist. Je mehr Leuten du davon erzählst, desto wahrscheinlicher ist es, dass du deinen Shopping-Bann durchziehst, weil du dich rechtfertigen musst, nicht nur vor dir selbst, sondern auch vor den anderen. Ich empfehle dir, dass du mindestens einen Rechenschaftspartner hinzuziehst, den du anrufen/anschreiben kannst, wenn du den Drang hast, etwas zu kaufen, damit er dich aufhalten kann.

7. Ersetze teure Gewohnheiten durch kostenlose Alternativen

Eine der größten Befürchtungen von Menschen, die mit einem Shopping-Bann beginnen möchten, scheint die zu sein, dass sie nicht wissen, durch was sie ihre kostspieligen Gewohnheiten ersetzen können – besonders wenn andere Menschen involviert sind. Anderen zu sagen »Ich kann nicht shoppen gehen« oder »Ich kann nicht ins Restaurant oder auf einen Drink mitgehen« (wenn du Restaurantbesuche durch deinen Shopping-Bann reduzieren willst) ist nicht spaßig. Falls du jedoch andere kostenlose/günstige Aktivitäten anbieten kannst, wirst du überrascht sein, wie viele Leute sich darüber freuen, etwas zu machen, bei dem sie ein paar Dollar sparen können. Zum Beispiel anstatt ins Einkaufszentrum zu gehen oder zum Outlet zu fahren könnte man zum Wandern gehen oder die Gegend zu Fuß erkunden. Und anstatt ins Restaurant oder für Drinks auszugehen schlage ein Barbecue bei dir vor, oder organisiert reihum Abendessen, zu denen jeder etwas mitbringt.

8. Achte auf deine Auslöser
(und verändere deine Reaktion darauf)

Hier kommt Achtsamkeit ins Spiel. Wenn du den Drang zum Shoppen verspürst, genügt es manchmal nicht, einem Freund eine SMS zu schreiben und ihn zu bitten, dich zu bremsen. Du musst innehalten und alles analysieren, was in deinem jetzigen Umfeld passiert. Wie geht es dir? Hattest du einen schlechten Tag? Wo bist du (und wie bist du dahin gekommen)? Ist jemand bei dir? Wie rechtfertigst du dies vor dir? All das kann Teil des Auslösers sein, der dich drängt, etwas zu kaufen, und diesen zu identifizieren ist extrem wichtig, damit du deine Reaktionen bewusst ändern kannst. Wenn du schlechte Gewohnheiten nicht durch gute ersetzt, ist es wahrscheinlicher, »rückfällig« zu werden und in alte Muster zu verfallen. Wenn der Kaufzwang durch etwas ausgelöst wird, überleg dir, was du tun kannst – außer Geld auszugeben –, gehe immer wieder so vor, bis es dir zur zweiten Natur wird.

9. Lerne ohne etwas auszukommen/Werde erfinderisch

Wenn du einen Shopping-Bann für mehr als drei Monate anstrebst, kann es gelegentlich vorkommen, dass du aufgeben möchtest. Um durchzuhalten, kann es der einzige Weg

sein, ohne den Gegenstand für eine bestimmte Zeit zurecht-
zukommen. Bis du etwas wirklich brauchst, versuche mindestens 30 Tage lang, ohne es auszukommen, und schaue,
wie oft es dir fehlen wird. Wenn es zum täglichen Betrübnis
wird, ersetze es einfach. Sonst löse dich davon. Abhängig
davon, um welchen Gegenstand es sich handelt, auf den du
im Moment verzichtest, suche andere Wege, ihn zu ersetzen.
Wenn du es nicht selbst reparieren kannst, leihe es dir von
jemandem aus oder miete es. Je öfter wir Dinge teilen, desto
weniger wandert auf den Müll.

10. Wertschätze, was du hast

Schließlich wirst du mit der Zeit für alles, was du in deinem
Leben hast, dankbar sein. Von den Klamotten in deinem Kleiderschrank bis zu den Gerätschaften in der Küche. Das zu benutzen, was du behalten willst, wird dich daran erinnern, dass
du mit Geld bereits alles gekauft hast, was du brauchst. Deine
Beziehungen, das Glück und die Gesundheit deiner Familie
und deiner Freunde werden zur Topriorität. Ein Spaziergang
im Freien kann dir wirklich den Tag versüßen. Ich habe festgestellt, dass der dauerhafte Erfolg des Shopping-Banns von
den Geschichten abhängt, die du dir selbst erzählst. Wenn du
denkst, *das nervt,* wirst du vermutlich exzessiv konsumieren.
Aber wenn du meinst: »Das ist wirklich toll, aber ich brauche
das nicht,« und stattdessen das schätzst, was du bereits hast,
könnte ich wetten, dass du nie wieder auf die Sachen zurück-
kommst, über die du hinweg bist.

Wenn du wirklich etwas kaufen musst

Da ich ein ganzes Buch übers Nicht-Shoppen geschrieben habe, weiß ich, dass der Zeitpunkt während deines Shopping-Banns kommen wird, an dem du etwas brauchst, das nicht auf der genehmigten Shopping-Liste steht. Wenn du dich in so einer Situation befindest, stelle dir die Fragen wie auf dem Flow-Chart auf Seite 230.

Anmerkung: Du musst nicht immer qualitativ hochwertige Dinge kaufen. Zum Beispiel wenn deine Kinder klein sind und Kleidung brauchen, kaufe sie im Secondhandladen oder besorge sie möglichst kostenlos, da die Kleinen schnell herauswachsen. Aber wenn du etwas für dich selbst ersetzt, etwas, das du oft verwendest, kaufe nicht das Günstigste. Ich habe zu oft den Fehler gemacht, günstige Fashion-Teile zu kaufen, weil sie billig waren, und sie mussten fast immer innerhalb von wenigen Monaten ersetzt werden.

Erinnere dich daran: Der Erfolg deines Shopping-Banns hängt von deiner Einstellung ab. Wenn du das Gefühl hast, es ist schwierig, läufst du Gefahr, es nicht durchzustehen, und wirst vielleicht danach maßlos shoppen. Aber wenn du zu schätzen weißt, was du hast, und das benutzt, was du kaufst, kann das Ergebnis dein Leben verändern. Mein Shopping-Bann in Verbindung mit einer intensiven Entrümpelung meiner Wohnung zeigte mir, was ich am Leben am meisten schätze, und nichts davon konnte man in einem Geschäft kaufen. Ich hoffe, dass dein eigener Shopping-Bann ein solches Verstehen weckt und dir zur persönlichen Offenbarung wird.

Brauchst du das?

Ja → Wirklich? → Nein

Ja

Hast du es gestern gebraucht?

Ja   Nein → Warte 30 Tage (oder bis du es brauchst)

Kannst du es ausleihen oder mieten?

Ja   Nein → Willst du es behalten?

Mach das!   Ja   Nein

KAUFE ES (Kaufe Qualität)

KAUFE ES NICHT

Quellen

In diesem Buch habe ich einige Quellen angegeben, die mir geholfen haben, in meinem *Jahr mit weniger,* bewusster zu werden. Hier findest du eine Liste dieser Quellen und noch ein paar, die mir gut gefallen. Ich hoffe, dass sie dir bei deinem Experiment helfen können.

Online-Magazine

- Mindful: mindful.org

TEDx Talks

- Alles, was man braucht, sind zehn bewusste Minuten mit Andy Puddicombe: ted.com/talks/andy_puddicombe-all-it_takes-is-10-mindful-minutes
- Listening to Shame mit Brené Brown: ted.com/talks/brene:brown-listening-to shame

Meditations-Apps

- Calm: calm.com
- Headspace: headspace.com

Weitere Apps

- Cladwell (überlege, wie viel deiner Kleidung du trägst): cladwell.com
- Sortly (mach eine Inventur deiner Sachen): sortlyapp.com

Community

Auch wenn wir denken, dass wir alles Material und unser Handwerkszeug parat haben, gibt es oft keine größere Hilfe als die Unterstützung einer Community. Ich weiß das aus eigener Erfahrung. Beim erfolgreichen Abzahlen meiner Schulden und als ich den Shopping-Bann durchzog, hatte ich Leute, die mich online bestärkten. Nicht nur, dass ich durch meine Community ein Forum hatte, dem ich mich mitteilen konnte, ich wusste, dass ich mich an sie wenden konnte, wenn ich einen Anschubser oder ermutigende Worte brauchte. Ich wünsche mir dasselbe für dich.

Für jeden, der sich in der Zukunft einer ähnlichen Herausforderung stellen möchte, habe ich eine Online-Community eingerichtet, wo wir unsere Geschichten, Erfolge und Kämpfe teilen können. Es ist ein sicherer Raum, um über unsere Erfahrungen zu sprechen und Vorschläge zu machen, und ein Ort, an dem wir uns gegenseitig ermutigen können. Und wir werden feiern. Oh ja, wir werden feiern.

Trete der Community bei und teile deine Story unter:

caitflanders.com/community

Ich habe immer auf meinem Blog geschrieben, dass je mehr wir teilen, desto mehr wissen wir alle – und desto besser geht es uns allen. Ich hoffe, dass dieses Buch und unsere Community Tausende von euch in der Zukunft zu bewussteren Entscheidungen inspirieren werden. Aber es beginnt alles damit, dass du eine Frage beantworten musst: Was willst *du* wirklich?

xo Cait

Danksagung

Da ihr alle inzwischen wisst, wie gerne ich die Dinge in Ordnung habe, weiß ich, dass ihr mich nicht verurteilt, wenn ich dasselbe in dieser Danksagung tue. Ich beginne damit, wie dieses Buch zustande kam.

Zunächst möchte ich Laura danken, die meine Geschichte auf *Forbes* veröffentlichte, und ein paar Literaturagenten, die das lasen und glaubten, dass man daraus ein Buch machen könnte. Ich war völlig überwältigt und hatte keine Vorstellung davon, wie es weitergehen sollte, aber diese Gespräche brachten mich schließlich bis hierhin.

Ich werde meinem Freund Chris ewig dankbar sein, dass er mich seinem Agenten vorgestellt hat, der schließlich auch meiner wurde. Lucinda, dieses Buch wäre ohne deine Hilfe nicht, was es ist. Danke, dass du der Vorreiter für diesen Erfolg warst, und dafür, dass du immer offen und dir treu geblieben bist.

Für mich ist es unvorstellbar, dass die persönlichen Geschichten in diesem Buch von jemand anderem veröffentlicht werden sollten als von der Hay House Familie – da dies eine Familie *ist* und ich glücklich bin, dass sie mich adoptiert hat. Patty, als du sagtest, ich könnte es genau so schreiben, wie ich es in meinem Exposé skizziert hatte, war das ein echtes *Geschenk*. Und Anne, ich weiß, dass man merkt, dass Englisch nicht mein Hauptfach war, dennoch gabst du mir immer das Gefühl, eine gute Autorin zu sein. Danke, dass du meinen Stil respektierst und mir dabei geholfen hast, noch mehr von mir selbst in diese Seiten einfließen zu lassen.

Ich weiß, dass man nicht »alles tun kann« – zumindest nicht alleine oder alles gleichzeitig. Mir die Zeit zu nehmen, um dieses Buch zu schreiben, hieß, dass ich mich aus zwei anderen Projekten zumindest zeitweise zurückziehen musste. Ich hätte das ohne meine Geschäftspartner Carrie und Jay nicht geschafft. Danke für eure Flexibilität und dass ihr mich bei jedem Schritt dieser Reise unterstützt habt. Es ist mir eine solche Ehre, mit euch arbeiten zu dürfen, und ich hoffe, dass ich mindestens eine halb so gute Partnerin für euch gewesen bin, wie ihr für mich.

Als der Verlag mich nach einer Danksagung fragte, wusste ich ehrlich gesagt nicht, was ich noch schreiben sollte. Dieses Buch ist eine Liebeserklärung an meine Familie und an alle Freunde, die mir in diesem Jahr des bewussten Konsums zur Seite standen. Aber es gibt ein paar Menschen, die ich noch erwähnen möchte.

Julie, meine Sparringspartnerin, im Leben, wie im Beruf. Wir haben Tausende von Wörtern über unsere Freundschaft geschrieben, aber nun glaube ich, dass ich es in einem Satz zusammenfassen kann: Du bist der Mensch, bei dem ich mein wahres Selbst sein kann. Danke für all die Kaffee-, Frühstücks- und Milkshake-Pausen.

Pascal, mein Partner für Outdoor-Abenteuer. Danke, dass du mich dazu animiert hast, mehr Zeit im Freien zu verbringen; hier fühle ich mich wie die beste Version meines

Selbst, und ich bin dankbar, es mit dir zu teilen. Ich kann gar nicht erwarten, wie Adventure Tuesday aussieht, wenn wir alt und grau sind.

Alyssa, danke, dass du immer Raum für meinen Schmerz hattest und mir halfst, mich nicht so einsam zu fühlen. Ich weiß, dass Toby, Molly und Lexie sich nun auch gegenseitig Gesellschaft leisten.

Ich möchte auch Shannon danken, die mich dazu inspiriert hat, eine bessere Autorin zu werden, Amanda, die jeden Schritt dieses Buchs mit mir gefeiert hat, und Marci, die als Erste davon überzeugt war, dass ich eins schreiben könnte.

Ich weiß, dass ich ohne meine Freunde in der Blogger-Community nicht hier wäre, ebenso wie ohne die Menschen, die meinen Blog lesen. Ich konnte noch nie die richtigen Worte dafür finden, um mein Verständnis und die Wertschätzung zu beschreiben, deshalb sage ich nur: Danke, dass es euch gibt.

Und schließlich, obwohl dieses Buch bereits eine Liebeserklärung an meine Familie ist, danke ich meiner Familie dafür, dass sie immer an mich geglaubt hat. Danke, dass ihr meine Liebe zu Büchern immer gefördert und mich im Schreiben bestärkt habt. Danke, dass ihr mich mit Ideen für Bücher überschüttet habt, in dem Gedanken, dass ich eines Tages Autorin sein würde. Ich wusste nicht, dass das jemals möglich sein würde, aber ihr. Wir haben so ein großes Glück mit dem Zusammenhalt unserer Familie. Ohne die Familie wäre ich verloren.

Und dazu gehörst auch du, Emma. Du bist meine Familie, ich liebe dich.

Über die Autorin

 Cait Flanders hat sich von einer maßlosen Alles-Konsumentin zu einer bewussten Verbraucherin entwickelt. Sie erzählt in ihrer persönlichen Geschichte, was passieren kann, wenn Konsum, Minimalismus und bewusstes Verhalten aufeinandertreffen. Auf ihrem Blog caitflanders.com inspiriert sie viele Menschen dazu, mit weniger bewusster zu leben. Caits Geschichte ihres *Jahrs mit weniger* wurde bei *Oprah.com, Forbes, Yahoo!, The Guardian, The Globe* und *Mail, CBC News* und anderen besprochen. Cait lebt in Sqamish, B.C., Kanada, ihre drei Leidenschaften: die Berge, die Wälder und der Ozean.